学前教育政策与法律

马雷军　主编

世界图书出版公司

图书在版编目（CIP）数据

学前教育政策与法律 / 马雷军主编. -- 北京：世界图书出版公司, 2019.8

ISBN 978-7-5192-6637-0

Ⅰ. ①学… Ⅱ. ①马… Ⅲ. ①学前教育—教育政策—中国②学前教育—教育法—中国 Ⅳ. ①G619.20②D922.16

中国版本图书馆CIP数据核字(2019)第174828号

书　　　名	学前教育政策与法律
（汉语拼音）	XUEQIAN JIAOYU ZHENGCE YU FALV
主　　　编	马雷军
总　策　划	吴　迪
责　任　编　辑	冯晓红
装　帧　设　计	赵廷宏
出　版　发　行	世界图书出版公司长春有限公司
地　　　址	吉林省长春市春城大街789号
邮　　　编	130062
电　　　话	0431-86805551（发行）　　　0431-86805562（编辑）
网　　　址	http://www.wpcdb.com.cn
邮　　　箱	DBSJ@163.com
经　　　销	各地新华书店
印　　　刷	小森印刷霸州有限公司
开　　　本	710 mm × 1 000 mm　　1/16
印　　　张	11.5
字　　　数	178千字
印　　　数	1—5 000
版　　　次	2019年9月第1版　　2019年9月第1次印刷
国　际　书　号	ISBN 978-7-5192-6637-0
定　　　价	52.00元

前言

　　学前教育是终身学习的开端，是国民教育体系的重要组成部分，是重要的社会公益事业。党的十八大以来，在以习近平同志为核心的党中央的坚强领导下，各地以县为单位连续实施三期学前教育行动计划，扎实推进学前教育改革发展，学前教育取得显著成绩。学前教育资源迅速扩大，普及水平大幅提升。2018 年，全国共有幼儿园 26.67 万所，在园幼儿 4656.42 万人，专任教师 258.14 万人，学前教育毛入学率已经达到 81.7%，提前完成了《国家中长期教育改革与发展规划纲要（2010—2020 年）》提出的学前教育发展目标。在学前教育蓬勃发展的背景下，全国人大已经将"学前教育法"列入了一类立法任务，正在加快进行学前教育立法的工作。可以预见，我国的学前教育仍将保持高度的发展，制约我国学前教育发展的一些顽疾将得到根本解决。

　　但总体上看，学前教育仍是整个教育体系的短板，发展不平衡、不充分问题十分突出，学前教育还存在普惠性资源不足，政策保障体系不完善，教师队伍建设滞后，监管体制机制不健全，保教质量有待提高，部分民办园过度逐利等突出问题，"入园难""入园贵"仍是困扰老百姓的烦心事之一。学前教育迫切需要深化改革、规范发展。尤其值得注意的是，近些年，一些学前教育机构及其工作人员违反有关法律法规，侵犯学龄前儿童和家长权益的事件还时有发生，其中一些案件在全国引发了极大关注。这说明学前教育机构对于学前教育政策法规的研究和学习还非常不够，学前教育工作者的普法学习亟待加强。

我们必须认识到，学前教育政策与法律不仅仅是制约教育行政部门的工具，不仅仅是左右我国学前教育发展大局的工具，更是指引基层学前教育机构办园和基层学前教育工作者教育教学的工具。在学前教育领域，政策与法律是一所幼儿园最低的办园标准，是一名学前教育工作者最低的行为准则。失去了政策与法律的保障，幼儿园的办园就失去了规矩，学前教育工作者的工作就失去了准则。

本书主要针对学前教育的相关政策法律进行了分析和研究，既适用于学前教育机构管理者和工作人员学习，也适用于师范院校学前教育专业师生使用，同时也可以供学前教育科研人员研究参考。因为编写时间紧张，本书如有不当之处，敬请批评指正。

马雷军

2019 年 8 月

目录

第一章　我国学前教育的政策法律渊源

我国学前教育的政策法律渊源，是从学前教育法律的效力来源上讲的，即学前教育的政策法律是由何种国家机关、通过何种方式制定的，表现为何种教育法律文件的形式、具有何种法律效力等级。通俗地讲，就是说我国包括哪些学前教育方面的政策和法律，以及它们的效力如何。

学前教育政策法律渊源由学前教育立法的本质决定，但也受国家政治制度、民族文化传统、社会发展阶段等因素的影响。历史上存在过的学前教育法渊源主要有：习惯法（不成文法）、判例、规范性法律文件（成文法）、条约等。我国学前教育政策法律的渊源主要是国家制定的关于学前教育方面的规范性文件。我国学前教育法渊源的特点是：①以成文法为主要形式。②制定颁布学前教育法律法规文件的国家机关地位不同，其名称和效力也不同。③学前教育法律规范性文件受国家强制力保障。

我国学前教育政策法律的主要渊源是：宪法、教育法律、教育行政法规、地方性教育法规、教育规章以及有关教育的国际条约和协定、国家及地方的政策等。

一、《中华人民共和国宪法》

《中华人民共和国宪法》（以下简称《宪法》）作为国家的根本大法，为学前教育的法律制定提供了基本理论、原则与法律依据。

1. 《宪法》把发展教育事业明确纳入国家职责

我国《宪法》在第 19 条明确规定："国家发展社会主义的教育事业，提高全国人民的科学文化水平。国家举办各种学校，普及初等义务教育，发展中等教育、职业教育和高等教育，并且发展学前教育。国家发展各种教育设施，扫除文盲，对工人、农民、国家工作人员和其他劳动者进行政治、文化、科学、技术、业务的教育，鼓励自学成才。"上述规定明确把发展教育事业、举办学校和发展各种形式的教育作为国家的责任，这为《中华人民共和国教育法》（以下简称《教育法》）进一步确立教育的战略地位、政府的管理职责及对教育的投入与条件保障的职责提供了法律依据。其中特别提出了国家要发展学前教育，这体现了国家对于学前教育战略地位的重视和肯定，为国家保障学前教育发展提供了宪法的保护。

2. 《宪法》把受教育权明确规定为公民的基本权利和义务

《宪法》第二章"公民的基本权利和义务"中第 46 条规定："中华人民共和国公民有受教育的权利和义务。"把公民的受教育权如同公民的人身权、财产权一样，规定为公民的一项基本权利。所不同的是，受教育不仅是公民的一项基本权利，而且是公民应尽的一项义务。《宪法》的这一规定，为《教育法》规定公民的受教育权以及受教育机会均等提供了法律依据，并为《中华人民共和国义务教育法》（以下简称《义务教育法》）的制定提供了基础。应当说，学龄前儿童也享有受教育权，即有权利获得接受学前教育的权利，接受学前教育机构的教育，促进身心的和谐发展。

3. 《宪法》明确规定了我国教育的政治性质和指导思想

《宪法》第 19 条明确规定了我国教育的社会主义性质，其与国家的政治体制相一致。另外，《宪法》第 46 条规定："国家培养青年、少年、儿童在品德、智力、体质等方面全面发展。"《宪法》第 24 条规定："国家通过普及理想教育、道德教育、文化教育、纪律和法制教育"，"加强社会主义精神文明的建设"，以及"国家倡导社会主义核心价值观，提倡爱祖国、爱人民、爱劳动、爱科学、爱社会主义的公德，在人民中进行爱国主义、集体主义和国际主义、共产主义的教育"等，这些规定成为《教育法》第 3 条、第 5 条、第 6 条、第 7 条等确定我国发展教育事业的理论指导和法律依据。《教育法》第 5 条规定的"教育必须为社会主义现代化建设服务、为人民服务，必须与生产劳动和社会实践相结合，培养德、智、体、美等方面全面发展的社会主义建设者和接班人"的教育方针，都是以《宪法》的上述规定为基础的。

值得注意的是，在 2018 年 9 月 10 日召开的全国教育大会上，习近平同志提出，培养德智体美劳全面发展的社会主义建设者和接班人，更加强调了劳动教育的地位和作用。

4. 《宪法》确定了我国的教育制度框架和管理体制框架

《宪法》第 19 条在规定国家发展教育、举办学校职责的阐述中，描述了我国教育制度分为初等教育、中等教育、职业教育、高等教育以及学前教育的框架。这为我国《教育法》关于国家"教育基本制度"的设定提供了依据。《宪法》第三章"国家机构"中第 89 条、第 107 条、第 119 条分别规定了国务院、县级以上地方各级人民政府、民族自治地方的自治机关对于教育事业的领导权和管理权，为我国《教育法》总则部分关于实行"分级管理、分工负责"的领导和管理教育事业的原则提供了依据。

5. 《宪法》规定了鼓励社会参与发展教育事业的原则

《宪法》第 19 条在首先规定国家发展教育事业的职责的基础上，明确提出："国家鼓励集体经济组织、国家企业事业组织和其他社会力量依照法律规定举办各种教育事业。"确定了国家对发展教育事业采取国家与社会力量"两条腿走路"的方针。《宪法》赋予社会发展教育的权利，为《教育法》总则中规定"全社会应当关心和支持教育事业的发展"，第六章"教育与社会"

以及第七章"教育投入与条件保障"中关于"国家建立以财政拨款为主、其他多种渠道筹措教育经费为辅的体制"提供了依据。

二、教育法律

教育法律是由全国人大及其常委会会议审议通过的教育方面的法律规范。我国目前的教育法律主要包括《教育法》、《中华人民共和国教师法》（以下简称《教师法》）、《中华人民共和国学位条例》（以下简称《学位条例》）、《义务教育法》、《中华人民共和国职业教育法》（以下简称《职业教育法》）、《中华人民共和国高等教育法》（以下简称《高等教育法》）、《中华人民共和国民办教育促进法》（以下简称《民办教育促进法》）等。

以上七部教育法律，《义务教育法》《职业教育法》《高等教育法》《学位条例》等虽然不直接对学前教育进行规范，但是也有可能间接发挥作用，如《义务教育法》对义务教育入学的制度也会在一定程度上影响学前教育；再如《高等教育法》等对学前教育师资发展提供的保障，也对学前教育发展有重要的意义。

1. 《教育法》

这是我国的教育基本法，也是其他教育法律制定的基本依据。该法于1995年3月18日召开的第八届全国人民代表大会第三次会议上通过，2009年8月27日第十一届全国人民代表大会常务委员会第十次会议第一次修正，2015年12月27日第十二届全国人民代表大会常务委员会第十八次会议第二次修正。该法共10章86条，规定了我国教育的地位、性质、方针和教育活动的基本原则，教育基本制度，学校、教师、学生等教育关系主体的法律地位及其权利义务，教育投入与条件保障，教育对外交流与合作，以及保护教育关系主体合法权益的法律措施。

2. 《教师法》

1993年10月31日第八届全国人民代表大会常务委员会第四次会议通过，

1994 年 1 月 1 日起施行。2009 年 8 月 27 日第十一届全国人民代表大会常务委员会第十次会议修正。该法共 9 章 43 条，对教师的权利与义务，资格和任用、培养和培训、考核、待遇、奖励等做了相应的规定。

3. 《学位条例》

1980 年 2 月 12 日第五届全国人民代表大会常务委员会第十三次会议通过，根据 2004 年 8 月 28 日第十届全国人民代表大会常务委员会第十一次会议《关于修改〈中华人民共和国学位条例〉的决定》修正。《学位条例》共 20 条，对学位的层次、学位评定和授予等都做了明确规定。

4. 《义务教育法》

1986 年 4 月 12 日第六届全国人民代表大会第四次会议通过，2006 年 6 月 29 日第十届全国人民代表大会常务委员会第二十二次会议修正。2015 年 4 月 24 日第十二届全国人民代表大会常务委员会第十四次会议修正。2018 年 12 月 29 日第十三届全国人民代表大会常务委员会第七次会议修改。该法共 8 章 63 条，对义务教育的性质、学制、管理体制、保障措施等都做了相应的规定。

5. 《职业教育法》

1996 年 5 月 15 日第八届全国人民代表大会常务委员会第十九次会议通过，1996 年 9 月 1 日起施行。该法共 5 章 40 条，规定了职业教育的地位、发展方针，职业教育的管理，职业教育体系、职业教育的实施，职业教育的保障条件等。

6. 《高等教育法》

1998 年 8 月 29 日第九届全国人民代表大会常务委员会第四次会议通过，2015 年 12 月 27 日第十二届全国人民代表大会常务委员会第十八次会议修正。该法共 8 章 69 条，规定了高等教育的地位、发展方针、指导思想、任务、管理体制、基本制度，高等学校的设立、组织和活动，高等学校教师和其他教育工作者、学生的权利和义务，高等教育投入和条件保障等。

7.《民办教育促进法》

2002 年 12 月 28 日第九届全国人民代表大会常务委员会第三十一次会议通过，自 2003 年 9 月 1 日起施行。2013 年 6 月 29 日第十二届全国人民代表大会常务委员会第三次会议对该法进行了第一次修订，2016 年 11 月 7 日，第十二届全国人民代表大会常务委员会第二十四次会议对该法进行了第二次修订。2018 年 12 月 29 日第十三届全国人民代表大会常务委员会第七次会议进行了第三次修订。该法规定了民办教育事业发展的总体原则、民办学校的设立、学校的组织与活动、教师与受教育者、学校资产与财务管理、管理与监督、扶持与奖励、变更与终止等。

三、教育行政法规

教育行政法规是指国家最高行政机关为实施、管理教育事业，根据宪法和教育法律制定的规范性文件。教育行政法规在内容上是针对某一类教育管理事务发布的行为规则，而不是针对某个具体的事件和具体问题做出决定，在形式和结构上必须规范，在时效上必须有相对的稳定性，其制定、审定、发布须经过法定的程序。

我国目前生效的教育行政法规主要有：

《征收教育费附加的暂行规定》（1986 年 4 月 28 日国务院发布，1990 年 6 月 7 日国务院令第 60 号修改，2005 年 8 月 20 日国务院令第 448 号再次修改）。

《扫除文盲工作条例》（1988 年 2 月 5 日国务院发布，1993 年 8 月 1 日国务院令第 122 号修正）。

《高等教育自学考试暂行条例》（1988 年 3 月 3 日国务院发布，2014 年 7 月 9 日有所修改）。

《幼儿园管理条例》（1989 年 8 月 20 日经国务院批准，1989 年 9 月 11 日国家教育委员会令第 4 号发布）。

《学校体育工作条例》（1990 年 2 月 20 日经国务院批准，1990 年 3 月 12 日国家教育委员会令第 8 号发布）。

《学校卫生工作条例》（1990 年 4 月 25 日经国务院批准，1990 年 6 月 4 日国家教育委员会令第 10 号、卫生部令第 1 号发布）。

《教学成果奖励条例》（1994 年 3 月 14 日国务院令第 151 号发布）。

《中华人民共和国残疾人教育条例》（以下简称《残疾人教育条例》，1994 年 8 月 23 日国务院令第 161 号发布）。

《教师资格条例》（1995 年 12 月 12 日国务院令第 188 号发布）。

《中外合作办学条例》（2003 年 3 月 1 日国务院令第 372 号发布）。

《中华人民共和国民办教育促进法实施条例》（2004 年 3 月 5 日国务院令第 399 号发布）。

《校车安全管理条例》（2012 年 4 月 5 日国务院令第 617 号发布）。

《教育督导条例》（2012 年 8 月 29 日国务院令第 624 号发布）。

四、地方性教育法规

根据《宪法》和《中华人民共和国立法法》（以下简称《立法法》）的规定，省、自治区、直辖市的人民代表大会和它们的常务委员会根据本行政区域的具体情况和实际需要，在不与宪法、法律、行政法规相抵触的前提下，可以制定和颁布地方性法规，报全国人民代表大会常务委员会备案。地方性法规，一般称"条例"，有时根据不同情况也采用"规定""实施办法""补充规定"等名称。

各地出台的地方性教育法规，是教育法的一个重要渊源。

与教育法律、行政法规相比，地方性教育法规有三个特点：一是地方性教育法规不得与宪法、法律、行政法规相抵触，具有从属性；二是地方性教育法规只在本行政区域内有效，具有区域性；三是地方性教育法规是根据本地的具体情况和实际需要制定的，它在调整对象、权利义务、罚则等方面规定得更具体，更具有操作性。

五、教育规章

《宪法》和《中华人民共和国立法法》（以下简称《立法法》）规定，国务院各部、委员会和省、自治区、直辖市以及省、自治区的人民政府所在地的市和经国务院批准的较大的市的人民政府可以根据法律、国务院的行政法规，在自身权限内发布规章。在一些著述和教材中，把它们统称为"行政规章"，其中属于调整教育范围的，统称为教育规章或教育行政规章。教育规章，按制定发布机关可分为两类。

1. 部门教育规章

由教育部制定的教育规章，称部门教育规章，常用的名称为：规定、办法等。部门教育规章采取教育部令或与国务院其他部委联合令形式发布，在全国有效。目前与学前教育相关的教育规章主要见下表：

现行与学前教育相关的国家教育规章

序号	规章名称	发布文号	发布日期	修改日期	备注
1	教育行政处罚暂行实施办法	27号令	1998－3－6		
2	《教师资格条例》实施办法	10号令	2000－9－23		
3	中小学教材编写审定管理暂行办法	11号令	2001－6－7	2015－11－10	修于教育部令第38号
4	学生伤害事故处理办法	12号令	2002－6－25	2010－12－13	修于教育部令第30号
5	学校食堂与学生集体用餐卫生管理规定	14号令	2002－9－20	2010－12－13	修于教育部令第30号

续表

序号	规章名称	发布文号	发布日期	修改日期	备注
6	中小学幼儿园安全管理办法	23 号令	2006 - 6 - 30		
7	学校教职工代表大会规定	32 号令	2011 - 12 - 8		
8	幼儿园工作规程	39 号令	2016 - 1 - 5		同时对国家教委令第 25 号进行废止。

2. 政府教育规章

由省、自治区、直辖市人民政府及省、自治区人民政府所在地的市和经国务院批准的较大的市的人民政府制定的教育规章，称为地方政府教育规章或简称政府教育规章。政府教育规章常用的名称是：规定、办法等。政府教育规章由其制定的政府机构发布，只在本行政区域内有效。

教育规章的调整范围是极广泛的，其数量也很大。这些规章在教育管理中起着十分重要的作用，从教育法的广义定义，特别是在行政法的范畴里，它们都具有一定的法的效力，是教育法的一个重要表现形式。

六、国际条约和协定

有关国际条约和协定也是我国教育法的重要渊源。经过我国正式签署、批准或加入的条约和协定，在我国必须得到遵守，如《儿童权利公约》（1989）等，都属于我国教育法的渊源。

七、国家及地方的政策

政策是指国家政权机关、政党组织和其他社会政治集团为了实现自己所代表的阶级、阶层的利益与意志，以权威形式标准化地规定在一定的历史时期内，应该达到的奋斗目标、遵循的行动原则、完成的明确任务、实行的工作方式、采取的一般步骤和具体措施。

　　法律与政策是现代社会调控和治理互为补充的两种手段，在加快推进依法治国的进程中，各自发挥着独特的作用。政策是国家或政党为实现一定的政治、经济、文化等目标任务而确定的行动指导原则与准则，具有普遍性、指导性、灵活性等特征。法律是由一定的物质生活条件所决定的，由国家制定或认可并由国家强制力保证实施的具有普遍效力的行为规范体系，具有普适性、规范性、稳定性等特征。政策与法律作为两种不同的社会政治现象，它们的区别表现在意志属性不同、规范形式不同、实施方式不同、稳定程度不同。政策与法律的关系极为密切，二者相互影响、相互作用，具有功能的共同性、内容的一致性和适用的互补性。

　　例如，我国在 2010 年出台的《国家中长期教育改革与发展规划纲要（2010—2020 年）》等都属于政策的范畴。这些政策虽然在强制力方面弱于法律法规，但是对于推进我国学前教育事业的发展起着重要的作用。

第二章 学前教育重要政策法律解读

一、《教育法》解读

从 1984 年起，在每年召开的全国人大和政协会上，都有一些代表和委员提出制定教育法的提议和建议。1985 年 5 月公布的《中共中央关于教育体制改革的决定》中指出："在简政放权的同时，必须加强教育立法工作。"于是国家教委承担了"教育法"的起草工作。1985 年底开始在各地开展调查研究工作，1988 年成立了专门的"教育法"起草工作小组。1994 年 5 月，《教育法（草案）》提交国务院审议。国务院经过全国教育工作会议讨论和法制局近半年的审查和修改，于 1994 年 12 月 5 日正式提请第八届全国人大常委会审议。12 月底，第八届全国人大常委会第十一次会议审议通过《教育法（草案）》，决定提交第八届全国人大第三次会议审议。1995 年 3 月 18 日《教育法（草案）》获得第八届全国人大第三次会议的通过，并于 1995 年 9 月 1 日开始实施。《教育法》的颁布，意味着我国教育法制建设进入了一个新的阶段。《教育法》在 2009 年进行了第一次修正、2015 年进行了第二次修正。

《教育法》是我国教育的基本法，是教育的根本大法。在我国的教育法律体系中，《教育法》是其他教育法律法规体系的"母法"，具有最高的法律权力。《教育法》是由全国人民代表大会审议通过的，是位于国家根本大法《宪法》之下的国家基本法律之一，与《中华人民共和国刑法》（以下简称《刑法》）等国家基本法律处于同等的法律地位。《教育法》的颁布，为健全内容体系、形成完备统一的教育法体系奠定了坚实的基础。在整个教育法律体系中，《教育法》处于"母法"和"根本大法"的地位，具有最高的法律权威。其他单行的教育法规只是调整和规范某一方面的教育关系或某一项教育工作，都是"子法"。各种单行教育法规的制定和实施，应以《教育法》为依据，不得与《教育法》确立的原则和规范相抵触。

《教育法》是教育法律体系中最重要的法律。《教育法》全面规范了教育的性质、方针、基本制度，教育活动的基本原则；明确了教育活动的基本规范；同时为其他教育专项法的制定提供了法律依据，也为建立符合中国国情的教育法律体系奠定了基础。《教育法》的制定，不仅开辟了我国教育法制建设的新阶段，在教育发展史上也具有里程碑的意义，标志着我国教育发展开始全面纳入法制轨道。

《教育法》具有全面性和针对性相结合、规范性和导向性相结合、原则性和可操作性相结合的特点。作为教育基本法，《教育法》在全面规范调整各类教育关系的同时，抓住了当时教育改革和发展中的突出问题，做了有针对性的规定；同时又根据教育发展的趋势，提出了具有前瞻性的发展方向。《教育法》主要就涉及教育的全局性重大问题，如围绕教育的地位、教育方针、教育的基本原则和基本制度、教育投入和条件保障、学校的法律地位、教育与社会的关系、教育的对外交流与合作以及法律责任等制定了基本规范，为其他教育法律、法规的制定提供了立法依据，各级各类教育的具体问题则由其他教育专项法、教育行政法规制定。

《教育法》涉及面广，内容丰富，对教育事业各方面进行了总体规范，具有全面性、导向性、原则性。全文共 10 章 86 条。《教育法》总则第 2 条指出了本法的适用范围："在中华人民共和国境内的各级各类教育，适用本法。"这里所称的"各级各类教育"，是指国家教育制度内的各级各类教育。其中的各级教育，包括学前教育、初等教育、中等教育和高等教育。各类教育包括根据不同的教育分类标准所划分的不同类别的教育。我国教育工作应当全面置于《教育法》的规范之中，它所规定的内容是我们全面依法治教的基本法律依据，是我国依法治教之本。

学前教育作为各级各类教育的组成部分，受到《教育法》的调整。

1. 《教育法》的基本原则

《教育法》的基本原则是教育法在立法、执法、司法当中应当遵循的基本准则。它是中华人民共和国成立以后教育事业发展的经验总结，是我国教育事业在今后发展当中必须遵从的行为准则。我国《教育法》的基本原则可以总结为以下几个方面：

（1）强化思想道德教育的原则

《教育法》第6条规定："国家在受教育者中进行爱国主义、集体主义、中国特色社会主义的教育，进行理想、道德、纪律、法治、国防和民族团结的教育。"人以德立，国以德兴。党和国家历来高度重视德育工作，并一以贯之地强调德育为先的育人思想。社会主义核心价值体系为造就社会主义新人提供了方向、目标和基本内容。要加强马克思主义中国化最新成果教育，引导学生形成正确的世界观、人生观、价值观；加强理想信念教育和道德教育，坚定学生对中国共产党领导、社会主义制度的信念和信心；加强以爱国主义为核心的民族精神和以改革创新为核心的时代精神教育；加强社会主义荣辱观教育，培养学生团结互助、诚实守信、遵纪守法、艰苦奋斗的良好品质；加强公民意识教育，树立社会主义民主法治、自由平等、公平正义理念，培养社会主义合格公民。坚持以人为本，全面实施素质教育，就要坚持德育为先，把社会主义核心价值体系融入国民教育全过程。政治思想和道德品质是一个人成长的根基，培养一代又一代德智体美劳全面发展的社会主义建设者和接班人是我国教育事业的神圣使命。学校、社会和家庭要把立德树人作为教育的根本任务，按照中央的统一部署，切实加强和改进未成年人思想道德建设和大学生思想政治教育，提高德育的针对性、实效性和吸引力、感染力。坚持把学校教育作为青少年学生思想道德建设的主课堂、主阵地、主渠道，把德育融入学校工作的各个环节，同时要把加强学校体育、提高学生体质作为推进素质教育的突破口和重要任务。

（2）优秀文化的传承吸收原则

《教育法》第7条规定了传承吸收优秀文化的原则："教育应当继承和弘扬中华民族优秀的历史文化传统，吸收人类文明发展的一切优秀成果。"

坚持传承吸收优秀文化的原则主要有三层含义：第一，在继承中国古代文化遗产和吸收人类文明成果以及博采各国文化之长的时候，必须剔除其落后的、腐朽的、不适应时代发展的消极内容，吸收其民主的、进步的、适应现代化趋势的积极内容。我们既要反对食古不化、全盘继承和唯我独尊的片面观点，又要反对食洋不化、无批判的"兼收并蓄"以及全盘西化和民族虚无主义的错误思想。第二，不论是继承中国古代优良传统文化，还是吸收世界上其他国家和民族所创造的优秀文化，都必须立足现实，以建设我国的社会主义文化为主。我们既不能"发思古之幽情"背上沉重的历史包袱，在故纸堆里咬文嚼字，故步自封；更不能由于羡慕西方发达国家的物质生活，从而盲目崇拜西方的文化和价值观念。第三，繁荣和发展中国特色社会主义文化是目的，继承传统和吸收外国文化都是为了达到这一根本目的的手段，手段要为目的所用。社会现代化和经济全球化的世界性，并不排斥民族性，相反，越具有民族特色的东西，在走向世界中越易受到各国的重视而具有相互沟通和交流的价值。繁荣和发展中国特色的社会主义文化既是中华民族明智的选择，也是我们责任重大的选择。我们如果跟在别人后面，邯郸学步，亦步亦趋，那么弘扬传统和借鉴外国也就失去了本来的意义。所以，在教育当中，我国传统文化的传承与国外先进文化的吸收应当并重，这在我们越发加强的多元文化背景当中显得尤为重要。

（3）教育公益性原则

《教育法》第 8 条第 1 款规定："教育活动必须符合国家和社会公共利益。"

教育的公益性原则是指教育活动应当尊重社会全体成员的共同利益。教育是一项关系到全民族前途和命运的事业，是关系到国家发展和稳定的事业。教育不仅促进个人的身心发展，还能对社会的政治、经济、文化等产生重要的作用，所以教育的发展是一个国家和民族的共同任务。教育是一种公益性事业，这种公益性更多地体现为国家的责任和政府的责任。例如，各级政府要保证教育经费的落实，保证校舍的安全，保证适龄儿童能够按时上学等。同时，教育活动必须符合社会的公共利益，不得以营利为目的。我国教育具有公益性是我国法律明确规定的，也是教育的基本属性决定的。

公益性原则主要体现在政府、社会和学校三个方面。

①政府维护公益性的责任。维护公益性最重要的责任人是政府，首先，政府应当将教育作为一项重要的事业来看待，保障教育经费的落实。其次，政府应当采取一定的措施保障教育的均衡发展，避免一些学生的受教育权受到侵害。最后，政府还要采取减免学杂费、发放助学金等方式保障经济困难家庭子女的受教育权，让每一个孩子都上得起学。

②社会维护公益性的责任。为了促进教育事业的发展，解决目前教育规模与群众教育需要之间的矛盾，国家鼓励企业事业单位、社会团体、其他组织及公民个人依法举办学校。

③学校维护公益性的责任。学校的教学是实现国家教育权的直接途径，也肩负着维护教育公益性的责任。幼儿园作为学校的一个类型，同样也承担着维护教育公益性的责任。

（4）教育与宗教相分离原则

我国实行宗教信仰自由的政策，国家采取一定的措施和手段保障公民的宗教信仰自由。我国《宪法》第 36 条规定："中华人民共和国公民有宗教信仰自由。任何国家机关、社会团体和个人不得强制公民信仰宗教或者不信仰宗教，不得歧视信仰宗教的公民和不信仰宗教的公民。"即公民有信教的自由，也有不信教的自由；有信这种宗教的自由，也有信那种宗教的自由；同一宗教中有信仰这一教派的自由，也有信仰那一教派的自由；有过去信教现在不信教的自由，也有过去不信教现在信教的自由。①

教育与宗教相分离的原则是保持我国教育正常发展的一项重要原则，而且这也是世界各国教育立法普遍实行的一个原则。《教育法》第 8 条规定："教育活动必须符合国家和社会公共利益。国家实行教育与宗教相分离。任何组织和个人不得利用宗教进行妨碍国家教育制度的活动。"这种规定表面的原因是马克思辩证唯物主义思想统治地位的不可动摇性，背后的实质则是教育的普遍性与宗教的个别性、教育的先导性与宗教的滞后性之间存在的冲突。因此，要维护教育正常、稳定的发展，必须坚持教育与宗教相分离的原则不动摇。教育与宗教相分离的原则主要体现在国民教育系统当中。

教育与宗教相分离的原则有以下一些具体的要求：

①教师以及其他教育工作者在教育教学的活动中，不能带有宗教的倾向性，应当避免宗教的立场、观点、内容、方法，不要让受教育者在受教育的过程中受到宗教的任何影响。这是教育与宗教分离原则的一个基本要求。

②任何宗教组织和个人不得干涉教育领域，不得在学校进行宗教宣传活动、传播宗教。为了避免宗教的潜在影响，国民教育系列的学校原则上不应接受任何宗教组织的任何捐赠。

③教育应当保护宗教自由。即不在学校提倡某一宗教，也不在学校反对某一宗教，不侵犯教师和学生的宗教信仰自由。在一些群众有宗教信仰习惯的地区，教育行政部门和学校更要注意处理好宗教与学校教育之间的关系，既要保证宗教信仰的自由，又要避免宗教对学校教育的影响。

---

① 张维平，于国强．论我国的教育与宗教相分离［J］．教育理论与实践，2001（1）．

（5）受教育权平等原则

《教育法》第9条确定了公民受教育机会平等原则："中华人民共和国公民有受教育的权利和义务。公民不分民族、种族、性别、职业、财产状况、宗教信仰等，依法享有平等的受教育机会。"

人类正义的追求源于平等的需要。平等的英语是"equity"，表达的是两个或更多的人或客体之间在某个方面或所有方面处于同样的、相同的或相似的状态。教育平等又可以分为起点平等、过程平等和结果平等。起点平等是指法律保障每个人都有接受教育的权利，都可以进入学校学习。但由于出身等自身条件不同，人们可能进入不同的学校学习。所以起点平等主要是指政府保障公民都能接受基本的初等教育，却无法提供同等的学习环境。过程平等就是要设法取消各种妨碍学生学习的社会不利因素，对所有的学生实施同样的教育。因此应当以平等的方式对待每一个学生，缩小学校之间的差距，增强学校教育的统一性。如果说起点平等论强调的是教育权利的平等，那么过程平等论则强调教育机会的平等。结果平等论主张把平等作为总的指导原则，并向那些天赋较低和社会地位较低的学生提供补偿教育，从而使得这些原本在学习成绩上处于不利境地的学生和其他学生一样能够获得学习成功的机会。结果平等论认为同样地对待每一个儿童并不是平等，真正的平等应当是在注意到人的差异性的基础上为其提供适宜的差别教育，从而消除不同社会出身的学生在起点上的差别，追求结果的平等，达到受教育者受教育权实质上的平等，这是一种最终的目标。[①] 但我们需要注意的是，这种结果平等只是一种机会上的平等，而不是结果上的绝对平等。例如，国家保障每个人都有靠自己努力进入大学深造的机会，但这并不意味着每个人都进入大学深造才是公平。

---

① ［瑞典］托尔斯顿·胡森. 平等——学校和社会政策的目标 ［A］. 张人杰. 国外教育社会学基本文选 ［C］. 上海：华东师范大学出版社，1989：207.

受教育权平等原则在教育中表现为以下一些方面：

①接受教育的入学机会平等。即学生入学的机会是平等的，不因自己家庭的社会地位、经济条件、民族、地域等而受到不公正的待遇。

②接受教育的过程机会平等。学生在入学后，都有权利受到平等的教育。这种平等应当体现在国家范围内教育资源的平衡配置，在学校范围内学生不因自己的特殊身份而受到不平等的待遇。

③接受教育的结果机会平等。国家应当保障各个地区、各个阶层、各个民族在接受教育的结果上保持平衡。例如，对于偏远地区和一些少数民族地区要加大教育投入，以提高当地人民群众接受教育的程度。对于一些特殊人群，如残疾学生、女性学生、流动人口子女、有违法犯罪前科的学生，国家和社会要采取一定的手段，保证他们接受教育的机会平等，也应保证他们与优势群体有同样受教育的机会。

（6）扶植少数与弱势群体的原则

《教育法》第10条规定："国家根据各少数民族的特点和需要，帮助各少数民族地区发展教育事业。国家扶持边远贫困地区发展教育事业。国家扶持和发展残疾人教育事业。"

我国地域辽阔，民族众多，地区发展很不平衡，教育的基础也有很大差别。尤其是在少数民族地区和边远贫困地区，教育条件更为艰苦，教育水平也相对较低。这些地区的教育，不仅关系到我国整体教育事业的发展，而且关系到民族团结和社会安定。为了提高这些地区的教育发展水平，促进各民族、各地区共同繁荣，国家必须对少数民族地区给予特殊的扶持和帮助。

残疾人作为我国公民的一个组成部分，与正常人一样享有学习权、发展权。我国《宪法》第45条第3款规定："国家和社会帮助安排盲、聋、哑和其他有残疾的公民的劳动、生活和教育。"因此，必须对残疾人教育采取特殊扶持和帮助的政策，以保护弱势群体的受教育权。

（7）建立学习型社会原则

《教育法》第 11 条第 1 款规定："国家适应社会主义市场经济发展和社会进步的需要，推进教育改革，推动各级各类教育协调发展、衔接融通，完善现代国民教育体系，健全终身教育体系，提高教育现代化水平。"

上述规定从两个方面对原法的相关规定进行完善：一是明确提出了"现代国民教育体系"及"终身教育体系"两大概念。现代国民教育体系是相对于传统国民教育体系而言的。它具有全面性、普遍性、开放性特征，能够解决传统国民教育体系无法解决的难点、盲点问题，适应经济与社会发展和全体社会成员自身全面发展的需要，适应人才需求的多样性；能够激发中华民族的教育创造力，合理配置现有教育资源，充分开发利用潜在的教育资源，形成教育资源优化配置和有效再生、扩大的机制。它具有严谨的体系和合理的结构，包括普通教育和职业教育两类，初等、中等、高等教育各个层级，成长教育和继续教育各个阶段。终身教育体系指教育系统和社会机构为社会成员提供一生参与有组织学习机会的教育制度安排和网络，以多种形式的教育和培训方式为主，满足全民学习及终身学习需求的教育制度。二是明确提出"推动各级各类教育协调发展、衔接融通"。其中"各级"指学前教育、小学教育、初中教育、高中教育、高等教育等各层级的教育，"各类"指普通教育、职业教育、继续教育等教育类型。要想推动各级各类教育协调发展、衔接融通，就需要进行教育改革，逐渐使纵向各层级教育之间环环紧扣，横向各类教育之间相互沟通。

（8）教育公平与均衡发展原则

《教育法》第 9 条第 2 款规定："公民不分民族、种族、性别、职业、财产状况、宗教信仰等，依法享有平等的受教育机会。"

本条第 2 款对促进教育公平原则进行规定。此项为新增加的内容，这一规定有利于进一步推进教育的均衡发展，使教育的发展成果惠及广大人民群众，具有深远的意义。2010 年，党中央、国务院颁布的《国家中长期教育改革和发展规划纲要（2010—2020年）》明确提出："把促进公平作为国家基本教育政策。教育公平的关键是机会公平，基本要求是保障公民依法享有受教育的权利，重点是促进义务教育均衡发展和扶持困难群体。"党的十八大以来，党和国家以最根本的教育民生为起点，在改善办学条件、推动机会公平、教师队伍建设等方面多渠道、多角度施策，努力抬高教育公平的基础。党的十八届三中全会明确提出："大力促进教育公平，健全家庭经济困难学生资助体系，构建利用信息化手段扩大优质教育资源覆盖面的有效机制，逐步缩小区域、城乡、校际差距。"以上内容皆表明促进教育公平是一项系统的工程，政府应承担主要责任，与此同时，全社会各个方面都要积极配合、积极行动起来，共同致力于促进教育公平这项大工程。

（9）鼓励教育科学研究原则

《教育法》第11条第3款规定："国家支持、鼓励和组织教育科学研究，推广教育科学研究成果，促进教育质量提高。"

要想全面提高教育质量，推进教育改革，发挥教育的最大社会效益，就必须加强教育科研，以科研为先导，使教育工作按科学规律办事。鼓励教育科研，除了国家的支持和组织外，科研部门还要努力提高科研质量，注重理论对实践的指导意义。

（10）推广普通话原则

《教育法》第12条规定："汉语言文字为学校及其他教育机构的基本教学语言文字。少数民族学生为主的学校及其他教育机构，可以使用本民族或者当地民族通用的语言文字进行教学。学校及其他教育机构进行教学，应当推广使用全国通用的普通话和规范字。"

我国是多民族聚居的国家。到目前为止，已经确定了56个民族。在55个少数民族中，一个民族说一种语言的比较多，有的民族说两种或两种以上的语言。在一个民族说几种语言的情况下，民族内部的交际大都使用汉语或其他都懂得的语言。从20世纪50年代开始，我国语言工作者陆续进行了多次语言调查，据统计，我国少数民族语言的数目可能在 80 种以上。我国尊重各民族使用和发展自己语言文字的自由，允许在少数民族学生为主的学校及其他教育机构，使用本民族或当地通用的语言文字进行教学。然而，一个国家通用一种语言文字不仅是该国团结统一的象征，而且有利于沟通与交流，有利于经济建设和社会进步。为此《教育法》规定汉语言文字为我国学校及其他教育机构的基本教学语言文字。

（11）奖励突出贡献原则

《教育法》第 13 条规定："国家对发展教育事业做出突出贡献的组织和个人，给予奖励。"

奖励突出原则是国家为了调动教育工作者以及社会各界对教育事业的积极性而做出的规定。这样的规定激发教育行政人员的工作热情，有利于调动广大教师的积极性，发挥社会各界的责任感，从而推动教育事业合理发展，更好地促进我国教育事业的进步。

2. 教育管理体制

我国现行的教育行政管理体制是中央统一领导下的分级管理体制，即在中央统一的方针政策指导下，对教育事业实行中央教育行政与地方各级教育行政分级管理、分工负责的管理体制。《教育法》对我国现行的这种教育行政管理体制做出了明确的规定。《教育法》第 14 条规定，"国务院和地方各级人民政府根据分级管理、分工负责的原则，领导和管理教育工作。中等及中等以下教育在国务院领导下，由地方人民政府管理。高等教育由国务院和省、自治区、直辖市人民政府管理"。第 15 条规定，"国务院教育行政部门主管全国教育工作，统筹规划、协调管理全国的教育事业。县级以上地方各级人民政府教育行政部门主管本行政区域内的教育工作。县级以上各级人民政府其他有关部门在各自的职责范围内，负责有关的教育工作"。第 16 条规定："国务院和县级以上地方各级人民政府应当向本级人民代表大会或者其常务委员会报告教育工作和教育经费预算、决算情况，接受监督。"

按照《宪法》的有关规定，我国教育行政机关的设置分为中央人民政府教育机关和地方各级人民政府教育行政机关。中央人民政府即国务院所属的教育行政机关即中华人民共和国教育部，各省、自治区和直辖市人民政府设教育厅（局、委员会），各地（市）、县（市、区）人民政府设立教育局（委员会），依照法定权限管理本行政区域的教育事务。地方教育行政部门受同级人民政府统一领导，同时接受上级教育行政部门的业务指导。

3. 教育基本制度

中华人民共和国成立以来，我国教育体制日臻完善，形成了一系列基本制度。《教育法》第二章对我国教育基本制度作了明确规定。这里的教育基本制度是指狭义的教育基本制度，即指有组织的教育和教学机构及各级教育行政组织机构的体系和运行规则。

（1）学校教育制度

学校教育制度又称为学制，是指一个国家各级各类学校的系统。其具体规定学校的层次构成、入学条件、修业年限以及彼此之间的相互关系。学制是一国教育制度的主体。《教育法》第17条规定："国家实行学前教育、初等教育、中等教育、高等教育的学校教育制度。国家建立科学的学制系统。学制系统内的学校和其他教育机构的设置、教育形式、修业年限、招生对象、培养目标等，由国务院或者由国务院授权教育行政部门规定。"按照该条的规定，我国的学校教育制度可以分为学前教育、初等教育、中等教育和高等教育四个层次。此外，从教育时间来看，有全日制、半工半读制和业余制之分；从教育形式来看，有面授、函授、广播电视教育之分；从教育对象来看，有学龄期教育和成人教育之分等。

（2）教育督导制度

教育督导也称为教育视导，是对教育工作进行视察、监督指导、建议的活动。它是指县级以上人民政府及其教育行政部门为保证国家有关教育的法律法规、方针政策的贯彻执行和教育目标的实现，依照国家的有关规定，对所辖地区的教育工作进行监督、检查、评估、指导的制度。《教育法》第25条规定："国家实行教育督导制度和学校及其他教育机构教育评估制度。"教育督导是政府对教育工作进行宏观管理的一种重要形式，是政府依法治教，对教育工作实行行政监督的有效手段。

1999年，教育部印发《关于加强教育督导与评估工作的意见》，规定教育督导工作的性质和任务是：以教育法律、法规和方针、政策为依据，在同级人民政府领导下，代表人民政府和教育行政部门，对下级政府的教育工作和教育行政部门的工作，对中等及中等以下学校和其他教育机构及其举办者的工作，进行督导、评估和检查、验收。根据人民政府授权，也可以对其他教育工作，对同级政府有关职能部门依法履行教育职责，进行督导检查。

为保证教育法律、法规、规章和国家教育方针、政策的贯彻执行，实施素质教育，提高教育质量，促进教育公平，推动教育事业科学发展，国务院于2012年9月9日发布《教育督导条例》，自2012年10月1日起施行。

国家建立国家教育督导团，负责管理全国教育督导工作。国家教育督导团由总督学、副总督学及国家督学组成。总督学由国务院任命，主持国家教育督导团工作。副总督学协助总督学工作。县级以上各级人民政府均设教育督导机构，其教育督导的组织形式及其机构的职责，由各省、自治区、直辖市人民政府确定。督导机构或督学在根据国家有关方针、政策进行督导时所应具有的职权有：列席被督导单位的有关会议；要求被督导单位提供与督导事项有关的文件并汇报工作；对被督导单位进行现场调查；对违反方针、政策、法规的行为，督导机构或督学有权予以制止。督导机构或督学完成督导任务后，应向被督导单位通报督导结果，提出意见和建议；被督导单位如无正当理由，应当接受，并采取相应的改进措施，必要时督导机构可进行复查；

督导机构或督学完成任务后，应向本级人民政府、教育行政部门及上级督导机构报告督导结果，提出意见和建议，并可向社会公布。

（3）教育评估制度

教育评估是指各级教育行政部门或经认可的社会组织，对学校及其他教育机构的办学水平、办学条件、教育质量进行的综合或单项考核和评价，是政府对教育机构实施宏观管理的重要手段。[①]《教育法》第25条规定："国家实行教育督导制度和学校及其他教育机构教育评估制度。"

教育评估制度的主要功能是根据一定的教育目标和标准，通过系统地收集学校及其他教育机构的各方面信息，准确地了解教育活动的实际情况，经过科学的分析，对学校及其他教育机构的办学水平和教育质量进行评价，为学校及其他教育机构改进工作、开展教育改革，为教育行政部门改善宏观管理提供可靠依据。它既是促进教育任务完成的承担者对制约实现教育目标的因素进行筛选优化的过程，也是为教育决策提供依据的过程。

目前我国所进行的教育评估的类型主要包括合格评估、办学水平评估和选优评估。合格评估是国家和教育行政部门对新建学校的基本办学条件和基本教育质量鉴定认可的制度。办学水平评估是对已经鉴定合格的学校进行的经常性、综合性评估，它分为整个学校办学水平的综合评估和学校中思想政治教育、专业（学科）、课程及其他教育工作的单项评估。选优评估是在办学水平评估的基础上，遴选优秀、择优支持、促进竞争、提高水平的评比选拔活动。

我国教育评估的领导和实施机构，是各级人民政府及其教育行政部门。在国务院和省级人民政府领导下，教育行政部门成立教育评估领导小组，具体负责教育评估工作的领导、组织与实施。其主要职责是按不同学校类别的管理权限，制定教育评估的基本准则、评估方案及评估内容、评估指标体系、评估方法及实施细则等；指导、协调、检查、评估工作及组织各种评估试点；

[①] 杨颖秀. 教育法学［M］. 北京：中央广播电视大学出版社，2004：112.

审核评估结论；收集、整理和分析教育评估信息，并负责提供给教育管理决策部门；推动教育评估理论和方法的研究，促进教育评估学术交流，组织教育评估骨干培训等。另外，各级人民政府和教育行政部门要组织党政有关部门和教育界、知识界以及用人部门参与社会评估，这是加强学校与社会联系、接受社会监督的有效方式。①

4. 其他内容

《教育法》除了以上内容外，还对学校及其他教育机构、教师和其他教育工作者、受教育者、教育与社会、教育投入与条件保障、教育对外交流与合作、法律责任等做了专门规定。本书将在专门的部分分别加以论述。

二、《国家中长期教育改革和发展规划纲要（2010—2020 年）》解读

制定《国家中长期教育改革和发展规划纲要（2010—2020 年）》（以下简称《教育规划纲要》）是党中央、国务院做出的重大决策，是 21 世纪我国第一个中长期规划。这次规划纲要研究制定工作于 2008 年 8 月启动，胡锦涛多次做出重要指示，深入大中小学调研。温家宝亲自担任《教育规划纲要》领导小组组长，先后发表两篇重要文章，多次主持召开相关座谈会。《教育规划纲要》研究制定过程中，先后召开不同层面、不同类型的座谈会和研讨会1500 余次，参与人员 23000 余人次，形成了 500 多万字的调研报告。在《教育规划纲要》第一轮征求意见过程中一共收集了 210 万条意见和建议，其中直接或间接吸收在纲要制定内容中的有 2 万多条次。在《教育规划纲要》征求意见稿完成之后，工作小组办公室开展了第二次大规模的征求意见，共收到意见、建议 27855 条，涉及学前教育、义务教育均衡发展、高考改革、高校去行政化、加大教育投入、加强教师队伍建设等方面。很多意见、建议思

---

① 劳凯声. 教育法导读［M］. 北京：北京师范大学出版社，1997：70.

考深入，见解深刻，针对性强，对纲要文本修改完善具有重要参考价值。2010 年 1 月 11 日至 2 月 6 日，温家宝在中南海分别主持召开了高等教育、职业教育、基础教育、管理体制、群众代表 5 次座谈会，与来自社会各界的 50 多位代表座谈，听取社会各方面意见、建议。在第五次座谈会上，温家宝专门邀请来自基层的学生家长、中学生、农民、工人、进城务工人员、自由职业者代表等进行探讨。2010 年 4 月 15 日和 5 月 5 日，温家宝先后主持召开国家科技教育领导小组会议和国务院常务会议，讨论研究《教育规划纲要》。2010 年 5 月 27 日和 6 月 21 日，胡锦涛先后主持召开中共中央政治局常委会会议、中共中央政治局会议，审议并通过了《教育规划纲要》。

《教育规划纲要》主要有以下四个方面特点：

一是明确了新的战略目标。根据党的十七大的部署，《教育规划纲要》提出，2020 年我国要基本实现教育现代化，基本形成学习型社会，进入人力资源强国行列，这是实现全面建设小康社会目标、进入世界创新型国家和人力资源强国行列的基本支撑，是本次规划纲要最大的政策亮点之一。

二是更加突出了教育改革创新。为了适应国家经济社会发展和人民群众接受良好教育的要求，特别是破解群众关心的难点热点问题，克服阻碍教育发展的体制机制障碍，《教育规划纲要》强调要进行改革整体谋划，并强调改革试点，鼓励探索创新，注重改革的系统性和协调性。

三是更加强调促进教育事业全面、协调、可持续发展。《教育规划纲要》提出构建中国特色社会主义现代教育体系，对学前教育、义务教育、高中阶段教育、职业教育、高等教育、继续教育和民族教育、特殊教育等发展任务进行了全面系统的部署，充分体现了教育以人为本、实现全面协调可持续发展的时代要求。

四是突出强调促进教育公平。《教育规划纲要》明确把促进教育公平作为国家基本教育政策，强化政府的主要责任，从实现基本公共教育服务均等化、扶持困难群体入手，努力缩小区域、城乡教育差距，保障公民依法享有受教育的权利，回应社会强烈期盼。

《教育规划纲要》由序言、四个部分和实施组成，共 22 章 70 条，约 27000 字。序言强调了教育的重要地位和作用，分析了当前教育面临的形势，包括成绩和差距、机遇和挑战，明确了今后努力方向。第一部分是总体战略（第 1 章至第 2 章），明确阐述了教育改革发展的指导思想、工作方针、战略目标和战略主题。第二部分是发展任务（第 3 章至第 10 章），分别提出了学前教育、义务教育、高中阶段教育、职业教育、高等教育、继续教育以及民族教育和特殊教育的发展目标、发展思路和政策举措。第三部分是体制改革（第 11 章至第 16 章），以人才培养体制改革为核心，内容包括人才培养体制、考试招生制度、现代学校制度、办学体制、管理体制 5 大改革和扩大教育开放。第四部分是保障措施（第 17 章至第 22 章），主要从教师、经费投入、信息化、法制等方面提出政策举措，对本届政府实施的 10 个重大项目和 10 项改革试点进行了具体设计，并对加强组织领导提出了要求。实施从责任分工、配套政策、监督检查等方面提出了工作要求。

在《教育规划纲要》之中，用了一章三条的篇幅对学前教育今后的发展做出了规范，显示了国家对学前教育的重视是空前的。在我国教育整体发展进程中，如何保证学前教育迅速发展成为国家和社会日益关注的问题。在《教育规划纲要》的意见、建议征集过程中，我们也深深感触到人民群众对学前教育今后的发展寄予了深切的期望。就我国目前的学前教育发展现状而言，面临着如下几个问题：①普及率低。2009 年学前三年毛入园率仅为 50.9%，学前一年毛入园率为 74%。②政府责任不明确，体制不完善。③农村教育资源严重不足，城乡条件差距大。④办园不规范。准入不严格、收费高等问题严重。⑤幼儿教师待遇缺乏保障。针对以上问题，《教育规划纲要》对今后学前教育的发展制订了针对性的解决方案。

在《教育规划纲要》中，关于学前教育共有三个方面的主要内容。即基本普及学前教育、明确政府职责和重点发展农村学前教育。

1. 基本普及学前教育

学前教育是整个教育的根基，人的认知风格、行为习惯和个性的养成等主要是在学前阶段。从一定程度上来讲，学前教育阶段是奠定人生基础的阶段。因此，学前教育既是教育公平的问题，也是教育品质的问题，更是关系到我国能否建成人力资源强国，能否实现教育现代化的基础性工程。

《教育规划纲要》第5条规定："基本普及学前教育。学前教育对幼儿习惯养成、智力开发和身心健康具有重要意义。遵循幼儿身心发展规律，坚持科学的保教方法，保障幼儿快乐健康成长。积极发展学前教育，到2020年，全面普及学前一年教育，基本普及学前两年教育，有条件的地区普及学前三年教育。重视0—3岁婴幼儿教育。"《教育规划纲要》对于基本普及学前教育提出了两方面的内容，即明确学前教育理念，提出了学前教育的普及目标。

首先，《教育规划纲要》明确了今后学前教育的理念。

学前教育是基础教育的重要组成部分，是学校教育和终身教育的起始阶段。0—6岁是人一生中大脑发育最快的时期，是教育投资效率最高的阶段，良好的学前教育对人的后继学习和终身发展具有十分重要而深远的意义。学前教育作为终身教育的起步，无论是对于国家还是对于个人其意义是非常深远的。对一个国家或一个地区来说，幼儿教育问题不仅仅是教育事业，更应是社会公益性、福利性的事业。经济合作与发展组织（OECD）的教育政策分析指出："发展幼儿教育是向终身学习的第一笔投资，是为满足每个家庭更加广泛的经济及社会需要的一项意义远大的政策援助。"有关研究表明，学前教育投资是一种最省钱、回报率最大的公共投资，接受学前教育的儿童在40岁时，投资的总体回报率高达1∶17.07。学前教育的发展状况在一定意义上还显示了一个国家或地区的教育文化水平以及文明程度，在这种认识下，世界各国各地区纷纷采取各种形式，加大学前教育投入，扩大学前教育受益人群，提升学前教育整体水平。在国际学前教育事业发展的大背景下，我国的学前教育也在 21 世纪初期进入了一个新的时期，学前教育的重要意义已经得到了政府、社会和家庭的充分认识。2003 年，我国颁布了《关于幼儿教育改革与发展的指导意见》，该指导意见明确指出，幼儿教育是基础教育的重要组成部分，发展幼儿教育对于促进儿童身心全面健康发展，普及义务教育，提高国民整体素质，实现全面建设小康社会的奋斗目标具有重要意义。学前教育是我国学校教育制度的起始阶段，是基础教育的重要组成部分，学前教育质量直接影响义务教育质量。缺乏学前教育，就是不完整的教育；缺乏高质量的学前教育，就满足不了市民群众对优质教育的需求。

基于以上原因，《教育规划纲要》提出："学前教育对幼儿习惯养成、智力开发和身心健康具有重要意义。遵循幼儿身心发展规律，坚持科学的保教方法，保障幼儿快乐健康成长。"其中首先说明了学前教育对于幼儿成长具有的重大意义，实际上也指出了学前教育的目的首先在于幼儿习惯的养成，智力的开发以及身心的健康成长。在学前教育教学方面，《教育规划纲要》提出要在遵循幼儿身心发展规律的基础上，坚持科学的保教方法，保障幼儿快乐健康成长。这实际是针对目前学前教育中普遍存在的"小学化""保姆化"的办园倾向现状而专门提出的。

其次，《教育规划纲要》提出了学前教育的普及目标："积极发展学前教育，到 2020 年，全面普及学前一年教育，基本普及学前两年教育，有条件的地区普及学前三年教育。重视 0—3 岁婴幼儿教育。"

根据人口测算，2008—2020 年学前教育阶段学龄人口增长率仅为 1.7%，基本稳定。按照近年来学前三年入园率增长速度估算，如果继续保持每年 3% 的递增率，到 2012 年学前一年的毛入学率将接近 90%，学前三年的毛入学率可以达到 60%。到 2020 年全面普及学前一年教育，有条件的地方可以实行免费教育，学前三年的入园率达到 80%—85%。所以，《教育规划纲要》提出："到 2020 年，全面普及学前一年教育，基本普及学前两年教育，有条件的地区普及学前三年教育。"

另外,《教育规划纲要》还在学前教育发展目标当中特别提出了"重视0—3岁婴幼儿教育"。意大利著名教育家蒙台梭利曾经说过:"人生的头3年胜过以后发展的各个阶段,胜过3岁直到死亡的总和。"长期以来,我国的学前教育,不论是管理体制、服务机构,还是基础理论研究、师资培养,乃至课程设置、教养活动,均主要局限在3—6岁幼儿教育阶段。20世纪90年代末期,终身教育理念的提出,0—3岁婴幼儿早期潜能开发和早期教养研究开始引起关注。

21世纪初,0—3岁儿童早期教育工作开始进入国家决策。2001年5月国务院批准印发了《中国儿童发展纲要(2001—2010年)》,第一次提出要发展0—3岁儿童的早期教育。2003年国务院办公厅转发了教育部等十部委《关于幼儿教育改革与发展的指导意见》,提出为0—6岁儿童和家长提供早期教育和保育服务,全面提高0—6岁儿童家长及看护人员的科学育儿能力。但从早教实际工作状况来看,存在着诸多问题,如管理体制不顺,未纳入政府的公共服务体系,家长和早教工作者对该领域的最新研究进展和成果了解甚少,早期教育师资培养和课程开发明显滞后,专业指导力量十分薄弱,现有幼教体系已远远不能满足广大家长对幼儿教育日益增长的需要等。所有这些都对我国早期教养工作提出巨大的挑战,同时也带来发展的机遇。所以,《教育规划纲要》在学前教育发展目标中将重视0—3岁早期教育单独列出,体现了国家对于0—3岁早期教育的重视,也说明了今后0—3岁早期教育在我国将具有极大的发展空间。

2. 明确政府职责

在《教育规划纲要》第6条中规定"明确政府职责。把发展学前教育纳入城镇、新农村建设规划。建立政府主导、社会参与、公办民办并举的办园体制。积极发展公办幼儿园,大力扶持民办幼儿园。实行成本合理分担机制,对家庭经济困难幼儿入园给予财政补助。"在以往，我们一般只是强调义务教育中的政府责任，而在《教育规划纲要》当中，首次提出要明确政府在学前教育当中的责任，这是很大的亮点。

《教育规划纲要》提出了要大力加强政府在学前教育当中职责的规定。其主要内容包括以下方面：

第一，各级政府要把学前教育的发展纳入当地社会发展规划当中。各级政府在制定当地的发展规划时，要充分考虑到当地经济、人口变动对学前教育引发的需求变化，并做出相应的规划，在新建小区和村镇规划当中，一定要落实配套幼儿园的建设，充分满足当地人民群众对学前教育尤其是优质学前教育的需求。

第二，进一步完善学前教育多元办学体制的格局，《教育规划纲要》提出："建立政府主导、社会参与、公办民办并举的办园体制。积极发展公办幼儿园，大力扶持民办幼儿园。"多元办学体制并不意味着公办幼儿园的数量可以减少作用可以削弱，更不能减少对学前教育的投入，公办幼儿园要确实起到对当地学前教育发展的引导和示范作用。而且在今后一段时间，公办学前教育的规模要进一步加大，以满足人民群众对普惠性学前教育、优质学前教育的需求。我们还要认识到，公办幼儿园的数量和规模还是有限的，即使在经济发达国家，民办学前教育也还占有一定的比例，所以对于社会各方力量兴办的幼儿园要大力给予政策和经济的扶持。

第三，实行学前教育合理的成本分担机制。目前，我国普及九年制义务教育的工作刚刚基本完成，进一步巩固"普九"成绩的任务还很艰巨，在这种情况下，国家的财政状况还不能达到完全负担学前教育成本的阶段。在这种情况下，国家、集体和个人分担学前教育成本的合理机制建立就确有必要了。但我们同时也要注意到，目前还有一部分人民群众的家庭收入还很低，对这部分社会弱势家庭的孩子接受学前教育，国家和地方政府应当给予必要的扶持，使这些孩子不要输在"起跑线"上，防止进一步加大社会阶层的差距。

第四，要进一步规范学前教育办学。《教育规划纲要》提出："完善幼儿园工作制度和管理办法。制定学前教育办园标准和收费标准。建立幼儿园准入和督导制度，加强学前教育管理，规范办园行为。"在今后的发展当中，首先要进一步完善学前教育立法，对学前教育的准入、收费和质量监控等方面要加强监督和引导，加强学前教育方面的管理，清理"无证幼儿园"。

第五，要加强学前教育教师队伍建设。《教育规划纲要》提出："依法落实幼儿教师地位和待遇，加强幼儿教师队伍建设。"对于幼儿教育，要严格按照《教师法》的有关规定落实教师的有关职称、住房、医疗、工资等待遇。要加强对民办学前教育机构中教师待遇的监控，防止侵犯幼儿教师权益的现象出现，切实维护幼儿教师的合法权益。同时，要加强幼儿教师的培养和提高工作；要增强对现有幼儿师范学校以及高校中学前教育专业的扶持，使其能够培养出更多更好的学前教师。另外，学前教师培养机构还应当注意到目前0—3岁早期教育的师资需求，有针对性地加以培养。

第六，进一步完善学前教育的管理体制。《教育规划纲要》提出了："教育行政部门加强对学前教育的宏观指导和管理，相关部门履行各自职责，充分调动各方面力量发展学前教育。"在学前教育的管理方面，教育行政部门应当进行宏观的管理和指导，同时，规划建设部门要做好学前教育机构的规划与建设工作，卫生防疫部门要做好学龄前儿童的保健以及早期教育工作，公安部门要协助做好幼儿园周边的治安防范工作，党委和妇联等部门也要根据当地情况对学前教育工作加以指导和帮助。总之，学前教育今后的发展需要社会和政府的各个部门密切配合、通力协作。

3. 重点发展农村学前教育

《教育规划纲要》第7条提出："重点发展农村学前教育。努力提高农村学前教育普及程度。着力保证留守儿童入园。采取多种形式扩大农村学前教育资源，改扩建、新建幼儿园，充分利用中小学布局调整富余的校舍和教师举办幼儿园（班）。发挥乡镇中心幼儿园对村幼儿园的示范指导作用。支持贫困地区发展学前教育。"

目前，农村的学前教育发展的程度还非常薄弱，与城市学前教育相比还有相当大的差距。由于城乡经济社会发展不平衡，我国农村地区尤其是中西部农村地区的学前教育整体发展迟缓。农村学前班、幼儿园布点过于稀少，只有极少数离乡镇较近的农村幼儿能接受正规的学前教育，而很多分散居住的农村幼儿基本处于无学可上的境况。

农村学前教育与城市学前教育的差距不仅仅表现在某一方面，而是表现在各项指标之上的差距。

据调研，迄今我国中西部农村尚有近40%的乡镇没有正规的中心幼儿园。要实现基本普及学前教育的战略目标，重点和难点在中西部、农村地区，必须使农村学前教育发展实现突破。

2003年，国务院首次召开全国农村教育工作会议，通过了《关于进一步加强农村教育工作的决定》，明确了把农村教育放在教育工作重中之重的战略地位。《教育规划纲要》中，提出了"到2020年，普及学前一年教育，基本普及学前两年教育，有条件的地区普及学前三年教育"的目标。而这个目标能不能实现，关键在于农村学前教育今后的发展能不能得到加强。重点发展农村学前教育，关键在于做好以下几方面：

首先，农村学前教育的发展必须得到政府的高度重视。目前农村学前教育面临的困境是多方面的，所以需要政府从农村学前教育的发展规划、资金投入、人员编制、园舍建设等多方面着力加强。为此，国家需要研究制定加快中西部、农村地区发展和普及学前教育的政策措施，重点支持中西部农村地区和少数民族地区普及学前教育。只有在政府的大力投入和大力引导下，才能够实现农村学前教育的发展，提高农村学前教育的普及程度。这也是保证农村留守儿童能够接受学前教育的前提保证。

其次，要调动各方面的力量，运用一切手段发展农村学前教育。在坚持政府投入的基础上，鼓励农村集体与个人兴办学前教育的积极性，兴建拓建托幼机构。同时，利用中小学布局调整空余的校舍兴办幼儿园，在有条件的农村小学中开办附属幼儿园。

最后，要发展一些贫困地区的农村学前教育，还必须要得到国家的倾斜式优惠政策。《教育规划纲要》提出，要"支持贫困地区发展学前教育"，这就需要政府在资金投入上对农村学前教育给予扶持，以帮助贫困地区建设学前教育机构，发展学前教育队伍，减轻当地人民群众学前教育费用。

三、《幼儿园管理条例》解读

《幼儿园管理条例》是我国目前法律效力最高的学前教育专门立法。1989年8月20日，国务院正式批准了《幼儿园管理条例》，1989年9月11日，国家教育委员会以第4号令予以发布，并于1990年2月1日开始正式实施。

《幼儿园管理条例》是我国目前幼儿园管理的基本法规，围绕《幼儿园管理条例》，我国还有《幼儿园工作规程》（以下简称《规程》）、《幼儿园教育指导纲要（试行）》（以下简称《教育指导纲要》）等规范性文件。《幼儿园管理条例》共分为6章32条，包括总则、举办幼儿园的基本条件和审批程序、幼儿园的保育和教育工作、幼儿园的行政事务、奖励和处罚、附则六个部分。《幼儿园管理条例》是由国务院批准颁发的第一个幼儿教育法规，它的出台对于明确幼儿园的任务、管理体制和原则，规范幼儿园的办园标准与办园行为，提高学前教育质量，保障更多适龄儿童接受学前教育起到了积极作用。从此，学前教育真正步入了一个有法可依的新阶段，从幼儿园的设立到幼儿园的举办，从幼儿园的监督管理到学前教育的法律责任，都有了比较明确的法律规定。它的出台极大地促进了我国学前教育的发展，大中城市已基本满足了适龄儿童的入园需求；农村和老少边穷地区通过灵活多样的形式，为越来越多的学龄前儿童提供了受教育机会；学前教育质量得到提高。

但是，目前我国学前教育总体水平还不高，地区之间、城乡之间发展不平衡，与经济、社会、教育的发展和人民群众日益增长的需求还不相适应；学前教育事业投入不足；一些地方对学前教育的重要性认识尚不到位，简单套用企业改制的做法，将幼儿园推向市场，减少或停止投入，甚至出售；有的地方学前教育管理力量薄弱。目前，学前教育仍是我国各级各类教育中的薄弱环节。办好学前教育，关系亿万儿童的健康成长，关系千家万户的切身利益，关系国家和民族的未来。因此，有关法律层面的学前教育立法呼声比较强烈，教育部也将学前教育立法列入了教育立法的计划当中。但是在新的学前教育立法出台之前，《幼儿园管理条例》依然在我国的学前教育立法当中享有核心的地位。

1. 学前教育的基本原则

（1）全面发展的原则

《幼儿园管理条例》第 3 条规定："幼儿园的保育和教育工作应当促进幼儿在体、智、德、美诸方面和谐发展。"这条规定是针对幼儿园教育工作的培养方向提出的。根据《幼儿园管理条例》的规定，幼儿园在开展保育和教育的过程当中，要注意学龄前儿童的全面发展，为孩子今后一生的发展打下一个良好的基础。国际上很多研究已经证明，学前教育对人的一生发展都是非常重要的，因此，适宜的学前教育对学龄前儿童是非常重要的。在学前教育当中，重要的并不是学龄前儿童的知识掌握，而是智力的培养、习惯的养成、体格的锻炼、性格的塑造。学前教育工作者在教育教学的工作中，应当时刻注意对孩子综合素质的培养，而不是单纯偏重某一个方面。只有全面发展的孩子，才能更好地适应今后的学校学习和社会生活。

（2）多元办园的原则

《幼儿园管理条例》第 5 条规定："地方各级人民政府可以依据本条例举办幼儿园，并鼓励和支持企业事业单位、社会团体、居民委员会、村民委员会和公民举办幼儿园或捐资助园。"这一规定体现了"两条腿走路"的学前教育办学方针，即政府办园与社会力量办园相结合。我国已实现了义务教育的普及化，今后教育发展的重点是巩固义务教育普及成果，而学前教育尚属非义务教育，所以学前教育的办学还不能单纯依靠政府办园。目前，政府办园的数量和规模还是有限的，大量的民办园、单位办园和集体办园承担了相当大比例的学前教育任务。各级各类单位、组织和个人，在具备一定条件的情况下都可以依法举办幼儿园，当地教育行政部门应当鼓励各界兴办符合办园标准的幼儿园。

（3）分层管理的原则

《幼儿园管理条例》第6条规定："幼儿园的管理实行地方负责、分级管理和各有关部门分工负责的原则。国家教育委员会主管全国的幼儿园管理工作；地方各级人民政府的教育行政部门，主管本行政辖区内的幼儿园管理工作。"这一规定体现了"政府负责、分级管理、分工负责"的学前教育基本管理体制。

政府负责是指各级人民政府要把学前教育的发展作为政府的主要工作任务来抓，要贯彻国家有关幼儿教育的政策方针、规章制度，对学前教育事业的发展进行规划，为学前教育事业的发展提供人力、财力、物力以及政策的支持。

分级管理是指各级政府和教育行政部门根据不同的分工管理本辖区的学前教育工作。教育部作为国务院的教育管理部门，主要职责是进行宏观性战略决策，对全国的学前教育事业进行宏观管理；地方各级人民政府及其教育行政部门，主管本辖区的幼儿园管理工作。

分工负责是指教育行政部门是学前教育的主管机构，同时其他政府部门也对学前教育事业的管理负有不可推卸的责任。例如，人事部门负责学前教育队伍的编制配备，财政部门负责学前教育经费的支付，公安部门负责幼儿园安全方面的管理等。《国务院关于当前发展学前教育若干问题的意见》（以下简称《意见》）当中也专门针对各政府部门在发展学前教育当中的职责做出了较为明确的规定，"各级政府要加强对学前教育的统筹协调，健全教育部门主管、有关部门分工负责的工作机制，形成推动学前教育发展的合力。教育部门要完善政策，制定标准，充实管理、教研力量，加强学前教育的监督管理和科学指导。机构编制部门要结合实际合理确定公办幼儿园教职工编制。发展改革部门要把学前教育纳入当地经济社会发展规划，支持幼儿园建设发展。财政部门要加大投入，制定支持学前教育的优惠政策。城乡建设和国土资源部门要落实城镇小区和新农村配套幼儿园的规划、用地。人力资源和社会保障部门要制定幼儿园教职工的人事（劳动）、工资待遇、社会保障和技术职称（职务）评聘政策。价格、财政、教育部门要根据职责分工，加强幼儿园收费管理。综治、公安部门要加强对幼儿园安全保卫工作的监督指导，整治、净化周边环境。卫生部门要监督指导幼儿园卫生保健工作。民政、工商、质检、安全生产监管、食品药品监管等部门要根据职能分工，加强对幼儿园的指导和管理。妇联、残联等单位要积极开展对家庭教育、残疾儿童早期教育的宣传指导。充分发挥城市社区居委会和农村村民自治组织的作用，建立社区和家长参与幼儿园管理和监督的机制。"

2. 幼儿园的设置

（1）幼儿园的设置标准

《幼儿园管理条例》第 7 条对幼儿园的设置位置进行了规定："举办幼儿园必须将幼儿园设置在安全区域内。严禁在污染区和危险区内设置幼儿园。"幼儿园的选址非常重要。首先，幼儿园要远离低洼地带、泥石流地带等自然灾害多发区。其次，幼儿园要远离加油站、化工厂等危险源。随着幼儿园社区化的发展，新建小区都要尽可能设置幼儿园，以满足社区居民的需要。

《幼儿园管理条例》第 8 条对幼儿园的硬件标准进行了规定："举办幼儿园必须具有与保育、教育的要求相适应的园舍和设施。幼儿园的园舍和设施必须符合国家的卫生标准和安全标准。"随着学前教育办学的标准化、规范化，目前全国各地陆续出台了一些幼儿园的办园标准。例如，《北京市幼儿园办园条件标准》中，就对幼儿园的工作人员配备标准、园舍规划面积定额基本标准、玩教具配备基本标准、保健室医疗卫生器械配备基本标准、办公家具设备配备基本标准等方面做出了详细具体的规定，这样的规定也有利于提升新办幼儿园的办园质量。

《幼儿园管理条例》第9条规定了幼儿园的人员标准："举办幼儿园应当具有符合下列条件的保育、幼儿教育、医务和其他工作人员：（一）幼儿园园长、教师应当具有幼儿师范学校（包括职业学校幼儿教育专业）毕业程度，或者经教育行政部门考核合格。（二）医师应当具有医学院校毕业程度，医士和护士应当具有中等卫生学校毕业程度，或者取得卫生行政部门的资格认可。（三）保健员应当具有高中毕业程度，并受过幼儿保健培训。（四）保育员应当具有初中毕业程度，并受过幼儿保育职业培训。慢性传染病、精神病患者，不得在幼儿园工作。"幼儿园的教职员工是幼儿园保育与教学工作的基本保障，《幼儿园工作条例》规定的是幼儿园教职工的最低标准，随着学前教育师资队伍建设的发展，教师学历提升将是今后发展的一个趋势。

《幼儿园管理条例》第10条规定了举办幼儿园的经费标准："举办幼儿园的单位或者个人必须具有进行保育、教育以及维修或扩建、改建幼儿园的园舍与设施的经费来源。"充足的经费是幼儿园办园的基本保障，只有足够的经费支持才能使幼儿园正常运转，进而提升办园的质量。

（2）幼儿园的设置程序

《幼儿园管理条例》第11条规定了幼儿园登记注册制度："国家实行幼儿园登记注册制度，未经登记注册，任何单位和个人不得举办幼儿园。"经过有关部门的登记注册是举办幼儿园的唯一途径，未经登记注册程序就举办的幼儿园均属于非法办园，有关部门应当对其坚决取缔，并追究相关责任人的法律责任。

《意见》强调，要"严格执行幼儿园准入制度，未取得办园许可证和未办理登记注册手续，任何单位和个人不得举办幼儿园。对社会各类幼儿培训机构和早期教育指导机构，审批主管部门要加强监督管理。分类治理、妥善解决无证办园问题。各地要对目前存在的无证办园进行全面排查，加强指导，督促整改。整改期间，要保证幼儿正常接受学前教育。经整改达到相应标准的，颁发办园许可证。整改后仍未达到保障幼儿安全、健康等基本要求的，当地政府要依法予以取缔，妥善分流和安置幼儿"。

《幼儿园管理条例》第12条规定了幼儿园的登记注册机关，其中城市幼儿园的举办、停办，由所在区、不设区的市的人民政府教育行政部门登记注册。农村幼儿园的举办、停办，由所在乡、镇人民政府登记注册，并报县人民政府教育行政部门备案。

3. 幼儿园的保育教育

（1）保育与教育相结合原则

幼儿园的保育、教育是幼儿园工作的两个主要内容，是提升办园质量的关键。在《幼儿园管理条例》第13条中，明确指出了幼儿园保育教育工作的基本方向，即"幼儿园应当贯彻保育与教育相结合的原则，创设与幼儿的教育和发展相适应的和谐环境，引导幼儿个性的健康发展"。保育和教育在幼儿园的工作当中是需要相互结合的。对于学龄前儿童来说，保育是促进儿童健康与和谐发展的关键因素，而教育则是幼儿园对儿童进行学前教育的重要途径，所以两者不能偏废。教师和保育员应当密切协作，相互配合，从而保证学龄前儿童健康和谐的发展。

《幼儿园管理条例》第13条还强调了学龄前儿童的全面发展，提出："幼儿园应当保障幼儿的身体健康，培养幼儿的良好生活、卫生习惯；促进幼儿的智力发展；培养幼儿热爱祖国的情感以及良好的品德行为。"首先，要注意体质保健和习惯养成。学龄前儿童正处在生长发育期，身体的抵抗能力较差，容易引发一些常见的疾病。所以在幼儿园的工作当中，预防儿童常见病的发生就成为一项重要的工作。另外，学龄前儿童正处在习惯养成的阶段，其生活习惯、行为习惯、卫生习惯等会对其一生都产生重要影响。所以幼儿园应当注重幼儿的习惯养成。其次，幼儿园应当促进幼儿的智力发育。值得提出的是，幼儿的智力发育的重点是对其思维方式、兴趣的培养，而绝不是以能认识多少字，能计算多复杂的数学题，能说多少句英语，能背多少首唐诗来加以衡量。国际和国内的研究都已充分证明，学前教育小学化是违背学龄前儿童身心发展规律的，对其今后成长具有一定危害。所以幼教工作者应当充分认识学前教育小学化的危害，对儿童的家长也要进行一定的宣传和引导。最后，幼儿园还应当加强儿童的德育工作。儿童的德育应当从其身边的点滴小事开始，从尊重他人和培养其基本行为规范开始。在《规程》中，对幼儿园保育和教育的主要目标做了具体的规定："促进幼儿身体正常发育和机能的协调发展，增强体质，培养良好的生活习惯、卫生习惯和参加体育活动的兴趣。发展幼儿智力，培养正确运用感官和运用语言交往的基本能力，增进对环境的认识，培养有益的兴趣和求知欲望，培养初步的动手能力。萌发幼儿爱家乡、爱祖国、爱集体、爱劳动、爱科学的情感，培养诚实、自信、好问、友爱、勇敢、爱护公物、克服困难、讲礼貌、守纪律等良好的品德行为和习惯，以及活泼、开朗的性格。培养幼儿初步的感受美和表现美的情趣和能力。"

（2）幼儿园的招生与编班

《幼儿园管理条例》第14条对幼儿园的招生和编班做出了规定："幼儿园的招生、编班应当符合教育行政部门的规定。"幼儿园每年秋季招生。平时如有缺额，可随时补招。企业、事业单位和机关、团体、部队设置的幼儿园，除招收本单位工作人员的子女外，有条件的应向社会开放，招收附近居民子女入园。幼儿入园前，须按照卫生部门制定的卫生保健制度进行体格检查，合格者方可入园。幼儿入园除进行体格检查外，严禁任何形式的考试或测查。根据《规程》的规定，幼儿园每班幼儿人数一般为：小班（3～4周岁）25

人，中班（4～5周岁）30人，大班（5～6周岁或5～7周岁）35人，混合班30人，学前幼儿班不超过40人。寄宿制幼儿园每班幼儿人数酌减。幼儿园可按年龄分别编班，也可混合编班。

（3）幼儿园的教学形式

《幼儿园管理条例》第16条规定了幼儿园的教育形式，即"幼儿园应当以游戏为基本活动形式。幼儿园可以根据本园的实际，安排和选择教育内容与方法，但不得进行违背幼儿教育规律，有损于幼儿身心健康的活动"。《教育规划纲要》对幼儿园的教育形式做了更为具体的规定，即"教育活动内容的组织应充分考虑幼儿的学习特点和认识规律，各领域的内容要有机联系，相互渗透，注重综合性、趣味性、活动性，寓教育于生活、游戏之中"。

（4）幼儿园的安全卫生

安全与卫生工作在幼儿园的工作当中占有重要地位，一旦发生幼儿园的安全事故，会对幼儿园的工作产生极大的负面影响，甚至威胁在园儿童的生命健康安全。所以，幼儿园一定要把安全卫生作为幼儿园工作开展当中优先考虑的项目。《幼儿园管理条例》非常重视幼儿园的安全工作，从第18条到第21条都在强调幼儿园的安全。其中第18条规定："幼儿园应当建立卫生保健制度，防止发生食物中毒和传染病的流行。"第19条规定："幼儿园应当建立安全防护制度，严禁在幼儿园内设置威胁幼儿安全的危险建筑物和设施，严禁使用有毒、有害物质制作教具、玩具。"第20条规定："幼儿园发生食物中毒、传染病流行时，举办幼儿园的单位或者个人应当立即采取紧急救护措施，并及时报告当地教育行政部门或卫生行政部门。"第21条规定："幼儿园的园舍和设施有可能发生危险时，举办幼儿园的单位或个人应当采取措施，排除险情，防止事故发生。"

幼儿园的安全工作近些年越来越受到重视。最初，针对幼儿园的安全工作比较强调法律责任，即完善各种责任追究制度，强化领导干部的安全意识。

随着安全教育、法制教育的完善，幼儿园安全工作的中心逐渐转向了预防，利用人防、物防、技防等手段预防幼儿园安全事故的发生。但人们又逐渐认识到，安全预防工作虽然很重要，但有些事故却是防不胜防的，所以要加强应急体系的建设，使得事故发生时幼儿园能够及时、合理地加以应对。所以，幼儿园充分认识安全工作的重要性，建立幼儿园安全组织，落实幼儿园安全责任，完善幼儿园安全制度，开展幼儿园安全教育，加强幼儿园安全检查，保障幼儿园安全投入，从人防、物防和技防三个方面建构坚固的幼儿园安全防范体系。同时，幼儿园还要建立安全预警机制，完善安全应急预案体系，开展安全应急演练，形成科学、合理、完善的幼儿园安全应急反应体系。

《意见》也对幼儿园的安全问题做出了专门的规定，《意见》指出："各地要高度重视幼儿园安全保障工作，加强安全设施建设，配备保安人员，健全各项安全管理制度和安全责任制，落实各项措施，严防事故发生。相关部门按职能分工，建立全覆盖的幼儿园安全防护体系，切实加大工作力度，加强监督指导。幼儿园要提高安全防范意识，加强内部安全管理。幼儿园所在街道、社区和村民委员会要共同做好幼儿园安全管理工作。"

4. 幼儿园的行政事务

（1）幼儿园的行政管理

《幼儿园管理条例》第 22 条规定了各级教育行政部门对幼儿园工作的监督和管理责任："各级教育行政部门应当负责监督、评估和指导幼儿园的保育、教育工作，组织培训幼儿园的师资，审定、考核幼儿园教师的资格，并协助卫生行政部门检查和指导幼儿园的卫生保健工作，会同建设行政部门制定幼儿园园舍、设施的标准。"从上述规定看，教育行政部门对幼儿园的工作是监督与管理相结合、指导与引导相结合。

从今后的发展趋势来看，教育行政部门对幼儿园的管理要更多地通过规划、财政、项目等手段加以引导发展，减少审批项目和一些不必要的干涉，进一步扩大幼儿园的办园自主权。

（2）幼儿园的园长负责制

《幼儿园管理条例》第23条规定了幼儿园的园长负责制，"幼儿园园长负责幼儿园的工作。幼儿园园长由举办幼儿园的单位或个人聘任，并向幼儿园的登记注册机关备案。幼儿园的教师、医师、保健员、保育员和其他工作人员，由幼儿园园长聘任，也可由举办幼儿园的单位或个人聘任。"园长是幼儿园的负责人，在幼儿园的工作当中处于中心地位，是幼儿园的法人代表。园长对外代表幼儿园，对内统一指挥和领导幼儿园工作，对上级承担幼儿园的全部责任。园长的权力主要包括决策权、财政权、人事权等。但园长负责制也并非是无限的，园长的权力要在党委、园务委员会、教职工代表大会等组织形式的监督下进行。园长在举办者和教育行政部门领导下，负责领导全园工作。幼儿园可建立园务委员会。园务委员会由保教、医务、财会等人员的代表以及家长的代表组成，园长任园务委员会主任。园长定期召开园务会议（遇重大问题可临时召集），对全园工作计划，工作总结，人员奖惩，财务预算和决算方案，规章制度的建立、修改、废除，以及其他涉及全园工作的重要问题进行审议。不设园务委员会的幼儿园，上述重大事项由园长召集全体教职工会议商议。

（3）幼儿园的财务收费

《幼儿园管理条例》第24条对幼儿园的收费与财务问题进行了规范："幼儿园可以依据本省、自治区、直辖市人民政府制定的收费标准，向幼儿家长收取保育费、教育费。幼儿园应当加强财务管理，合理使用各项经费，任何单位和个人不得克扣、挪用幼儿园经费。"

《意见》中也专门针对目前幼儿园收费当中存在的一些问题做出了规定，"国家有关部门2011年出台幼儿园收费管理办法。省级有关部门根据城乡经济社会发展水平、办园成本和群众承受能力，按照非义务教育阶段家庭合理分担教育成本的原则，制定公办幼儿园收费标准。加强民办幼儿园收费管理，完善备案程序，加强分类指导。幼儿园实行收费公示制度，接受社会监督。加强收费监管，坚决查处乱收费。"

因此，幼儿园应当按照物价部门的有关规定进行收费，并对自己的各项收费项目予以公示，以接受家长和社会的监督。

另外，幼儿园也应当建立完善的财务管理制度，努力建设节约型幼儿园。幼儿园应当建立科学化、精细化的预算管理机制，完善教育财政咨询和决策制度，严格执行国家财政资金管理法律制度和财经纪律。加强幼儿园财会制度建设，合理划分各项支出比例，建立支出绩效评价体系。强化审计监督，完善幼儿园财务信息公开制度和经济责任审计制度，强化重大建设项目和经费使用全过程审计。建立教育经费执行情况的分析报告制度，对于截留、挪用、擅自改变资金用途的，依据有关法律法规严肃处理。

（4）幼儿园的权益维护

在《幼儿园管理条例》第25条当中，对维护幼儿园的合法权益和正常办园秩序做出了相关规定，该条要求"任何单位和个人，不得侵占和破坏幼儿园园舍和设施，不得在幼儿园周围设置有危险、有污染或影响幼儿园采光的建筑和设施，不得干扰幼儿园正常的工作秩序"。

在幼儿园的办园当中，有可能会受到一些外界的干扰，这些干扰极大地影响了幼儿园的办园秩序。这些干扰有的来自政府部门，有的来自所在的街道、社区、产权单位，还有的来自在园儿童的家长。幼儿园应当利用政策和法律武器，维护幼儿园以及全体教职工的合法权益，保障幼儿园的园舍、经费、人员、秩序等方面不受不法侵害。

幼儿园所在地的街道、社区、单位，以及教育行政部门等政府机关也应当在力所能及的范围内维护幼儿园的合法权益，对侵犯幼儿园正常办园秩序的行为进行制止、调解和处理，以保障幼儿园的正常办园，保证当地学前教育的正常发展。

5.学前教育中的法律责任

《幼儿园管理条例》第五章的内容是奖励与处罚。关于奖励，第26条规定："凡具备下列条件之一的单位或者个人，由教育行政部门和有关部门予以奖励：（一）改善幼儿园的办园条件成绩显著的；（二）保育、教育工作成绩显著的；（三）幼儿园管理工作成绩显著的。"

该章的另一个主要内容就是惩罚。在幼儿园办园过程中，如果有单位或个人违反《幼儿园管理条例》或者其他法律法规规定，应当承担相应的法律责任。

（1）限期整顿、停止招生、停止办园的行政处罚

根据《幼儿园管理条例》第27条的有关规定，对于有下列违法行为的幼儿园，由教育行政部门视情节轻重，给予限期整顿、停止招生、停止办园的行政处罚：①未经登记注册，擅自招收幼儿的；②园舍、设施不符合国家卫生标准、安全标准，妨害幼儿身体健康或者威胁幼儿生命安全的；③教育内容和方法违背幼儿教育规律，损害幼儿身心健康的。值得注意的是，这类行政处罚的执法主体是教育行政部门，处罚的对象是违法办园行为。

（2）警告、罚款的行政处罚与行政处分

根据《幼儿园管理条例》第28条的有关规定，对于具有下列情形之一的单位或者个人，由教育行政部门对直接责任人员给予警告、罚款的行政处罚，或者由教育行政部门建议有关部门对责任人员给予行政处分：①体罚或变相体罚幼儿的；②使用有毒、有害物质制作教具、玩具的；③克扣、挪用幼儿园经费的；④侵占、破坏幼儿园园舍、设备的；⑤干扰幼儿园正常工作秩序的；⑥在幼儿园周围设置有危险、有污染或者影响幼儿园采光的建设和设施的。这些行政处罚或行政处分的执法主体是教育行政部门或其他有关部门，处罚的对象是有上述违法行为的单位或个人。

（3）幼儿园法律责任的救济

幼儿园法律责任的救济是指在幼儿园的办园过程中，因违反有关法律规定被处罚的单位或个人，对于行政处罚不满，而依照法律规定向有权受理的国家机关申诉并要求解决，予以补救，有关国家机关受理并做出具有法律效力的活动。

《幼儿园管理条例》第 29 条对幼儿园法律责任的救济做出了专门的规定，该条指出："当事人对行政处罚不服的，可以在接到处罚通知之日起十五日内，向做出处罚决定的机关的上一级机关申请复议，对复议决定不服的，可在接到复议决定之日起十五日内，向人民法院提起诉讼。当事人逾期不申请复议或者不向人民法院提起诉讼又不履行处罚决定的，由做出处罚决定的机关申请人民法院强制执行。"

根据该条的规定，幼儿园法律责任的救济是有一定顺序的，当事人对行政处罚不满，首先应向做出处罚决定的机关的上一级机关申请复议。例如，对于地级市教育行政部门的行政处罚不满，可以向该教育行政部门所处地级市的人民政府提起复议，也可以向省级教育行政部门提起复议。如果当事人对于复议的结果还不满意，才可能向人民法院提起行政诉讼，要求对处罚结果进行撤销或者变更。

另外，需要注意的是，无论复议还是诉讼，都是有一定时效限制的。即当事人应当在接到处罚通知之日起十五日内提起行政复议，或者在接到复议决定之日起十五日内提起行政诉讼。如果超过了复议或者诉讼的时效，有关部门就可以超过时效为由，拒绝受理。这样的规定是为了督促当事人及时履行权利，以避免因为时间拖延太长，使得行为的事实真相难以查清。

四、《中小学幼儿园安全管理办法》解读

为了从制度层面加强中小学安全工作，健全和巩固齐抓共管的长效机制，依法开展中小学安全管理和教育，保障广大中小学生的生命安全，从 2004 年

10月开始，教育部组织中央教育科学研究所、北京师范大学、中国公安大学、中国青少年研究中心等高校、科研院所的专家与其他九个部门的同志共同研究起草了《中小学幼儿园安全管理办法》（以下简称《安全管理办法》）。该办法制定历时一年多，广泛听取了社会各方面意见和建议，是对我国中小学安全工作实践经验的科学总结，是对做好新形势下中小学安全工作的积极探索。

《安全管理办法》是我国第一个专门关于中小学安全管理的法规性文件；是第一个以十部委部长令的形式发布的有关中小学安全管理工作的文件；是第一个与新修订的《义务教育法》配套的法规性文件。因此，《安全管理办法》在学校安全工作当中占有重要地位，学校的管理人员和教职工都应当对有关的内容熟悉并掌握。

1. 《安全管理办法》中的方针

中小学幼儿园安全工作最重要的目的就是预防各类安全事故的发生，即"安全第一，预防为主"，为此，《安全管理办法》确定了"积极预防、依法管理、社会参与、各负其责"的安全管理方针。

（1）积极预防：就是要求学校和各有关方面通过调研摸清学生易发生事故的环节、地点和时段，积极预防、科学预防，同时，有针对性地健全安全制度，消除安全隐患，确保学生生命安全。

（2）依法管理：就是要求各有关部门和学校按照教育和其他有关方面的法律、法规以及《安全管理办法》，实施学校安全管理，保证学校和师生安全。

（3）社会参与：就是要求社会团体、企事业单位、其他社会组织和个人参与和支持学校安全工作。

（4）各负其责：就是要求建立健全安全工作责任制和事故责任追究制，保证安全管理职责落实到位。

2. 《安全管理办法》中的职责

学校安全并不是仅学校就可以独自开展的工作，也并不是教育行政部门就可以独自完成的工作。学校安全是一个系统工程，需要社会各界、政府各部门的支持与合作。例如，对学生人身安全有重大影响的校园周边环境治理当中，抢劫、敲诈等违法犯罪需要公安部门负责，黑网吧、娱乐场所需要文化部门负责，交通拥堵问题需要交管部门负责，无证商贩需要工商部门负责。

所以《安全管理办法》提出："地方各级人民政府及其教育、公安、司法行政、建设、交通、文化、卫生、工商、质检、新闻出版等部门应当按照职责分工，依法负责学校安全工作，履行学校安全管理职责。"

各部门的职责分别如下：

（1）教育行政部门的学校安全职责

①全面掌握学校安全工作状况，制定学校安全工作考核目标，加强对学校安全工作的检查指导，督促学校建立健全并落实安全管理制度。

②建立安全工作责任制和事故责任追究制，及时消除安全隐患，指导学校妥善处理学生伤害事故。

③及时了解学校安全教育情况，组织学校有针对性地开展学生安全教育，不断提高教育实效。

④制定校园安全的应急预案，指导、监督下级教育行政部门和学校开展安全工作。

⑤协调政府其他相关职能部门共同做好学校安全管理工作，协助当地人民政府组织学校安全事故的救援和调查处理。

⑥教育督导机构应当组织学校安全工作的专项督导。

（2）公安机关的学校安全职责

①了解掌握学校及周边治安状况，指导学校做好校园保卫工作，及时依法查处扰乱校园秩序、侵害师生人身、财产安全的案件。

②指导和监督学校做好消防安全工作。

③协助学校处理校园突发事件。

另外，公安部也曾专门针对学校安全工作提出了《公安部维护学校和幼儿园周边治安秩序八项措施》，对发生在校园及周边，侵害师生人身、财产权利的刑事和治安案件，实行专案专人责任制。其中几项具体措施包括：

①在校园周边治安复杂地区设立治安岗亭，有针对性地开展治安巡逻，强化治安管理。

②根据需要向学校、幼儿园派驻保安员，负责维护校园安全。

③选派民警担任中小学和幼儿园的法制副校长或法制辅导员，负责治安防范、交通和消防安全宣传教育工作，每月至少到校工作两次。

④在地处交通复杂路段的小学、幼儿园上学、放学时，派民警或协管员维护校园门口道路的交通秩序。

⑤在学校、幼儿园周边道路设置完善的警告、限速、慢行、让行等交通标志及交通安全设施，在学校门前的道路上施画人行横道线，有条件的设置人行横道信号灯。

⑥在城市学校、幼儿园周边有条件的道路设置上学、放学时段的临时停车泊位，方便接送学生车辆停放。

⑦对寄宿制的学校、幼儿园，每半年至少组织一次消防监督检查，对其他学校、幼儿园，每年至少组织一次消防监督检查，并督促、指导其依法履行消防安全职责。

（3）卫生部门的学校安全职责

①检查、指导学校卫生防疫和卫生保健工作，落实疾病预防控制措施。

②监督、检查学校食堂、学校饮用水和游泳池的卫生状况。

另外，卫生部门还应当配合学校做好突发疾病或受伤师生的救治工作。

（4）建设部门的学校安全职责

①加强对学校建筑、燃气设施设备安全状况的监管，发现安全事故隐患

的，应当依法责令立即排除。

②指导校舍安全检查鉴定工作。

③加强对学校工程建设各环节的监督管理，发现校舍、楼梯护栏及其他教学、生活设施违反工程建设强制性标准的，应责令纠正。

④依法督促学校定期检验、维修和更新学校相关设施设备。

另外，在2009年启动的全国中小学校舍安全工程中，建设部门应当配合当地教育行政部门和学校，做好该项工作。

（5）政府部门的其他学校安全职责

①公安、卫生、交通、建设等部门应当定期向教育行政部门和学校通报与学校安全管理相关的社会治安、疾病防治、交通等情况，提出具体预防要求。

②文化、新闻出版、工商等部门应当对校园周边的有关经营服务场所加强管理和监督，依法查处违法经营者，维护有利于青少年成长的良好环境。

③司法行政、公安等部门应当按照有关规定履行学校安全教育职责。

（6）学校举办者的学校安全职责

①保证学校符合基本办学标准，保证学校围墙、校舍、场地、教学设施、教学用具、生活设施和饮用水源等办学条件符合国家安全质量标准。

②配置紧急照明装置和消防设施与器材，保证学校教学楼、图书馆、实验室、师生宿舍等场所的照明、消防条件符合国家安全规定。

③定期对校舍安全进行检查，对需要维修的及时予以维修，对确认的危房及时予以改造。

④有条件的，学校举办者应当为学校购买责任保险。

3. 《安全管理办法》中的校内安全管理制度

《安全管理办法》非常重视校内安全管理制度建设。校内安全管理制度是学校安全防范体系的重要组成部分，对于有效防范学校安全事故的发生发挥着重要的作用。

按照《安全管理办法》的有关规定，学校应当遵守有关安全工作的法律、法规和规章，建立健全校内各项安全管理制度和安全应急机制，及时消除隐患，预防发生事故。具体而言，学校应当建立以下校内的安全管理制度①：

（1）组织领导制度

学校应当建立校内安全工作领导机构，实行校长负责制；应当设立保卫机构，配备专职或者兼职安全保卫人员，明确其安全保卫职责。

（2）门卫管理制度

学校应当健全门卫制度，建立校外人员入校的登记或者验证制度，禁止无关人员和校外机动车入内，禁止将非教学用易燃易爆物品、有毒物品、动物和管制器具等危险物品带入校园。学校门卫应当由专职保安或者其他能够切实履行职责的人员担任。

（3）建筑设施安全制度

学校应当建立校内安全定期检查制度和危房报告制度，按照国家有关规定安排对学校建筑物、构筑物、设备、设施进行安全检查、检验；发现存在安全隐患的，应当停止使用，及时维修或者更换；维修、更换前应当采取必要的防护措施或者设置警示标志。学校无力解决或者无法排除的重大安全隐患，应当及时书面报告主管部门和其他相关部门。学校应当在校内高地、水池、楼梯等易发生危险的地方设置警示标志或者采取防护设施。

（4）消防安全制度

学校应当落实消防安全制度和消防工作责任制，对于政府保障配备的消防设施和器材加强日常维护，保证其能够有效使用，并设置消防安全标志，保证疏散通道、安全出口和消防车通道畅通。

（5）水电气安全制度

学校应当建立用水、用电、用气等相关设施设备的安全管理制度，定期

---

① 具体请参照本书第二章的有关内容。

进行检查或者按照规定接受有关主管部门的定期检查，发现老化或者损毁的，及时进行维修或者更换。

（6）饮食卫生制度

学校应当严格执行《学校食堂与学生集体用餐卫生管理规定》《餐饮业和学生集体用餐配送单位卫生规范》，严格遵守卫生操作规范。建立食堂物资定点采购和索证、登记制度与饭菜留验和记录制度，检查饮用水的卫生安全状况，保障师生饮食卫生安全。

（7）实验室安全管理制度

学校应当建立实验室安全管理制度，并将安全管理制度和操作规程置于实验室显著位置。学校应当严格建立危险化学品、放射物质的购买、保管、使用、登记、注销等制度，保证将危险化学品、放射物质存放在安全地点。

（8）卫生防疫制度

学校应当按照国家有关规定配备具有从业资格的专职医务（保健）人员或者兼职卫生保健教师，购置必需的急救器材和药品，保障对学生常见病的治疗，并负责学校传染病疫情及其他突发公共卫生事件的报告。有条件的学校，应当设立卫生（保健）室。新生入学应当提交体检证明。托幼机构与小学在入托、入学时应当查验预防接种证。学校应当建立学生健康档案，组织学生定期体检。

（9）信息通报制度

学校应当建立学生安全信息通报制度，将学校规定的学生到校和放学时间、学生非正常缺席或者擅自离校情况以及学生身体和心理的异常状况等关系学生安全的信息，及时告知其监护人。对有特异体质、特定疾病或者其他生理、心理状况异常以及有吸毒行为的学生，学校应当做好安全信息记录，妥善保管学生的健康与安全信息资料，依法保护学生的个人隐私。

（10）宿舍安全制度

有寄宿生的学校应当建立住宿学生安全管理制度，配备专人负责住宿学生的生活管理和安全保卫工作。学校应当对学生宿舍实行夜间巡查、值班制度，并针对女生宿舍安全工作的特点，加强对女生宿舍的安全管理。学校应当采取有效措施，保证学生宿舍的消防安全。

（11）校车管理制度

学校购买或者租用机动车专门用于接送学生的，应当建立车辆管理制度，并及时到公安机关交通管理部门备案。接送学生的车辆必须检验合格，并定期维护和检测。接送学生专用校车应当粘贴统一标识。标识样式由省级公安机关交通管理部门和教育行政部门制定。学校不得租用拼装车、报废车和个人机动车接送学生。接送学生的机动车驾驶员应当身体健康，具备相应准驾车型3年以上安全驾驶经历，最近3年内任一记分周期没有记满12分记录，无致人伤亡的交通责任事故。

（12）安全档案制度

学校应当建立安全工作档案，记录日常安全工作、安全责任落实、安全检查、安全隐患消除等情况。安全档案是实施安全工作目标考核、责任追究和事故处理的重要依据。

除以上制度之外，学校还应当根据学校教育教学的实际情况制定其他安全管理制度。

4. 《安全管理办法》中的日常安全管理

《安全管理办法》针对学校日常工作中容易导致安全事故的一些关键环节，做出了较为具体的规定。

（1）教育教学安全

①学校在日常的教育教学活动中应当遵循教学规范，落实安全管理要求，合理预见、积极防范可能发生的风险。

②学校组织学生参加的集体劳动、教学实习或者社会实践活动，应当符合学生的心理、生理特点和身体健康状况。

③学校以及接受学生参加教育教学活动的单位必须采取有效措施，为学生活动提供安全保障。

④学校不得组织学生参加抢险等应当由专业人员或者成人从事的活动。

⑤不得组织学生参与制作烟花爆竹、有毒化学品等具有危险性的活动。

⑥不得组织学生参加商业性活动。

⑦学校组织学生参加大型集体活动，应当采取下列安全措施：

a. 成立临时的安全管理组织机构。

b. 有针对性地对学生进行安全教育。

c. 安排必要的管理人员，明确所负担的安全职责。

d. 制定安全应急预案，配备相应设施。

⑧学生在教学楼进行教学活动和晚自习时，学校应当合理安排学生疏散时间和楼道上下顺序，同时安排人员巡查，防止发生拥挤踩踏伤害事故。晚自习学生没有离校之前，学校应当有负责人和教师值班、巡查。

（2）体育运动安全

①学校应当按照《学校体育工作条例》和教学计划组织体育教学和体育活动，并根据教学要求采取必要的保护和帮助措施。

②学校组织学生开展体育活动，应当避开主要街道和交通要道。

③开展大型体育活动以及其他大型学生活动，必须经过主要街道和交通要道的，应当事先与公安机关交通管理部门共同研究并落实安全措施。

（3）低龄学生交接安全

①小学、幼儿园应当建立低年级学生、幼儿上下学时接送的交接制度。

②不得将晚离学校的低年级学生、幼儿交与无关人员。

（4）学校经营安全

①学校不得将场地出租给他人从事易燃、易爆、有毒、有害等危险品的生产、经营活动。

②学校不得出租校园内场地停放校外机动车辆。

③不得利用学校用地建设对社会开放的停车场。

（5）师生安全管理

①学校教职工应当符合相应任职资格和条件要求。

②学校不得聘用因故意犯罪而受到刑事处罚的人，或者有精神病史的人担任教职工。

③学校教师应当遵守职业道德规范和工作纪律，不得侮辱、殴打、体罚或者变相体罚学生。

④教师发现学生行为具有危险性的，应当及时告诫、制止，并与学生监护人沟通。

⑤学生在校学习和生活期间，应当遵守学校纪律和规章制度，服从学校的安全教育和管理，不得从事危及自身或者他人安全的活动。

（6）特殊学生安全

①监护人发现被监护人有特异体质、特定疾病或者异常心理状况的，应当及时告知学校。

②学校对已知的有特异体质、特定疾病或者异常心理状况的学生，应当给予适当关注和照顾。

③生理、心理状况异常不宜在校学习的学生，应当休学，由监护人安排治疗、休养。

5.《安全管理办法》中的安全教育

（1）安全教育的对象

①学生教育：学校应当按照国家课程标准和地方课程设置要求，将安全教育纳入教学内容，对学生开展安全教育，培养学生的安全意识，提高学生的自我防护能力。

②主管人员教育：教育行政部门应当组织负责安全管理的主管人员、学校校长、幼儿园园长和学校负责安全保卫工作的人员，定期接受有关安全管

理培训。

③教职工教育：学校应当制定教职工安全教育培训计划，通过多种途径和方法，使教职工熟悉安全规章制度，掌握安全救护常识，学会指导学生预防事故、自救、逃生、紧急避险的方法和手段。

应当注意的是，以往我们比较注重学生安全教育，而对教师安全教育相对比较忽视，这是在今后学校安全教育当中应当注意的。

（2）安全教育的形式

①学校应当在开学初、放假前，有针对性地对学生集中开展安全教育。新生入校后，学校应当帮助学生及时了解相关的学校安全制度和安全规定。

②学校可根据当地实际情况，组织师生开展多种形式的事故预防演练。

③学校应当每学期至少开展一次针对洪水、地震、火灾等灾害事故的紧急疏散演练，使师生掌握避险、逃生、自救的方法。

④教育行政部门按照有关规定，与人民法院、人民检察院和公安、司法行政等部门以及高等学校协商，选聘优秀的法律工作者担任学校的兼职法制副校长或者法制辅导员。

⑤兼职法制副校长或者法制辅导员应当协助学校检查落实安全制度和安全事故处理、定期对师生进行法制教育等，其工作成果纳入派出单位的工作考核内容。

⑥学生监护人应当与学校互相配合，在日常生活中加强对被监护人的各项安全教育。

（3）安全教育的内容

①实验安全教育。学校应当针对不同课程实验课的特点与要求，对学生进行实验用品的防毒、防爆、防辐射、防污染等的安全防护教育。

②水电安全教育。学校应当对学生进行用水、用电的安全教育，对寄宿学生进行防火、防盗和人身防护等方面的安全教育。

③自我保护教育。学校应当对学生开展安全防范教育，使学生掌握基本

的自我保护技能，应对不法侵害。

④交通安全教育。学校应当对学生开展交通安全教育，使学生掌握基本的交通规则和行为规范。

⑤消防安全教育。学校应当对学生开展消防安全教育，有条件的可以组织学生到当地消防站参观和体验，使学生掌握基本的消防安全知识，提高防火意识和逃生自救的能力。

⑥游泳安全教育。学校应当根据当地实际情况，有针对性地对学生开展到江河湖海、水库等地方戏水、游泳的安全卫生教育。

6.《安全管理办法》中的校园周边安全管理

学校的安全工作既包括学校内部的安全，还包括学校周边的安全，但是因为学校的能力范围，校园周边的治理主要依赖各个政府部门的参与。所以学校应当与有关部门密切配合，提供有关的信息，协助各部门做好学校周边的安全治理工作。

（1）校园周边治理联席会议

教育、公安、司法行政、建设、交通、文化、卫生、工商、质检、新闻出版等部门应当建立联席会议制度，定期研究部署学校安全管理工作，依法维护学校周边秩序；通过多种途径和方式，听取学校和社会各界关于学校安全管理工作的意见和建议。

（2）校园周边建筑生产安全

建设、公安等部门应当加强对学校周边建设工程的执法检查，禁止任何单位或者个人违反有关法律、法规、规章、标准，在学校围墙或者建筑物边建设工程，在校园周边设立易燃易爆、剧毒、放射性、腐蚀性等危险物品的生产、经营、储存、使用场所或者设施以及其他可能影响学校安全的场所或者设施。

（3）校园周边治安防范

校园公安机关应当把学校周边地区作为重点治安巡逻区域，在治安情况复杂的学校周边地区增设治安岗亭和报警点，及时发现和消除各类安全隐患，处置扰乱学校秩序和侵害学生人身、财产安全的违法犯罪行为。

（4）校园周边交通设施建设

公安、建设和交通部门应当依法在学校门前道路设置规范的交通警示标志，施画人行横道线，根据需要设置交通信号灯、减速带、过街天桥等设施。

（5）校园周边交通安全管理

在地处交通复杂路段的学校上下学时间，公安机关应当根据需要部署警力或者交通协管人员维护道路交通秩序。

（6）校园周边交通工具监管

公安机关和交通部门应当依法加强对农村地区交通工具的监督管理，禁止没有资质的车船搭载学生。

（7）校园周边互联网场所监管

文化部门依法禁止在中学、小学校园周围 200 米范围内设立互联网上网服务营业场所，并依法查处接纳未成年人进入的互联网上网服务营业场所。工商行政管理部门依法查处取缔擅自设立的互联网上网服务营业场所。

（8）校园周边非法出版物监管

新闻出版、公安、工商行政管理等部门应当依法取缔学校周边兜售非法出版物的游商和无证照摊点，查处学校周边制售含有淫秽色情、凶杀暴力等内容的出版物的单位和个人。

（9）校园周边饮食单位监管

卫生、工商行政管理部门应当对校园周边饮食单位的卫生状况进行监督，取缔非法经营的小卖部、饮食摊点。

7.《安全管理办法》中的安全事故处理

《安全管理办法》中的安全事故处理实际上就是安全事故的应对与处理。

（1）教育部门应对

在发生地震、洪水、泥石流、台风等自然灾害和重大治安、公共卫生突发事件时，教育部门等应当立即启动应急预案，及时转移、疏散学生，或者采取其他必要防护措施，保障学校安全和师生人身财产安全。

（2）学校应对

校园内发生火灾、食物中毒、重大治安等突发安全事故以及自然灾害时，学校应当启动应急预案，及时组织教职工参与抢险、救助和防护，保障学生身体健康和人身、财产安全。

（3）学生伤亡救助

发生学生伤亡事故时，学校应当按照《学生伤害事故处理办法》规定的原则和程序等，及时实施救助，并进行妥善处理。

（4）安全事故上报

发生教职工和学生伤亡等安全事故的，学校应当及时报告主管教育行政部门和政府有关部门；属于重大事故的，教育行政部门应当按照有关规定及时逐级上报。

五、《学生伤害事故处理办法》解读

《学生伤害事故处理办法》（以下简称《事故处理办法》）是 2002 年教育部制定的部门规章，以教育部第 12 号令发布。它主要针对实践中反映突出的学生伤害事故责任的认定、事故的处理程序、损害的赔偿等方面做出规定，为处理学生伤害事故提供了明确具体的依据；特别是明确了学校的安全教育、管理和保护的职责，具体规定了学校的安全保卫、消防、设施设备管理等安全管理制度有明显疏漏、组织学生参加教育教学活动或者校外活动未进行相应的安全教育、组织或者安排未成年学生从事不宜未成年人参加的劳动和体育运动等活动、发现学生在校期间突发疾病或者受到伤害未根据实际情况及时采取相应措施并导致不良后果加重、教职工体罚或者变相体罚学生、发现学生行为具有危险性但未进行必要的管理和制止的等 12 种应当依法承担相应责任的情形，规定了学生或者未成年学生监护人以及其他有过错的当事人应当承担相应责任的情形。同时，它还明确规定了学生自行上学、放学、返校、离校途中，以及学生自行外出或者擅自离校期间等学校管理职责范围以外发生的伤害事故，如果学校行为并无不当，学校不承担事故责任的情形。《事故处理办法》的规定，有利于积极预防、妥善处理学生伤害事故，全面保护学生和学校的合法权益。

《事故处理办法》与《安全管理办法》共同组成学校安全工作完整的规范体系。《安全管理办法》是专门针对中小学、幼儿园做出的安全管理规定，对人民政府有关部门的安全管理职责、对校园周边和校内安全管理、对安全教育等方面做出了全面的规定，重在加强管理预防发生安全事故。而一旦发生了学生伤害事故，则要依据《事故处理办法》的规定，对学校、学生和其他有关主体的责任进行认定与事故处理，重在事故的及时妥善处理。因而，《安全管理办法》与《事故处理办法》同为部门规章，相互衔接配套，为学校安全管理工作提供了全面的依据。

值得注意的是，《事故处理办法》虽然对学生伤害事故的归责情形做出了较为具体的规定，但因为《事故处理办法》在法律层级上属于部门规章，所以它在法院审理案件时没有绝对的法律强制力，只能提供给审案的法官参照适用。但是因为它是学校的主管政府机关——教育部颁布的，所以所有的中小学校和幼儿园都要无条件地遵守。

1. 《事故处理办法》中的事故责任

（1）学校需要承担责任的学生伤害事故

①学校的校舍、场地、其他公共设施，以及学校提供给学生使用的学具、教育教学和生活设施设备不符合国家规定的标准，或者有明显不安全因素的。

②学校的安全保卫、消防、设施设备管理等安全管理制度有明显疏漏，或者管理混乱，存在重大安全隐患，而未及时采取措施的。

③学校向学生提供的药品、食品、饮用水等不符合国家或者行业的有关标准、要求的。

④学校组织学生参加教育教学活动或者校外活动，未对学生进行相应的安全教育，并未在可预见的范围内采取必要的安全措施的。

⑤学校知道教师或者其他工作人员患有不适宜担任教育教学工作的疾病，但未采取必要措施的。

⑥学校违反有关规定，组织或者安排未成年学生从事不宜未成年人参加的劳动、体育运动或者其他活动的。

⑦学生有特异体质或者特定疾病，不宜参加某种教育教学活动，学校知道或者应当知道，但未予以必要的注意的。

⑧学生在校期间突发疾病或者受到伤害，学校发现，但未根据实际情况及时采取相应措施，导致不良后果加重的。

⑨学校教师或者其他工作人员体罚或者变相体罚学生，或者在履行职责过程中违反工作要求、操作规程、职业道德或者其他有关规定的。

⑩学校教师或者其他工作人员在负有组织、管理未成年学生的职责期间，发现学生行为具有危险性，但未进行必要的管理、告诫或者制止的。

⑪对未成年学生擅自离校等与学生人身安全直接相关的信息，学校发现或者知道，但未及时告知未成年学生的监护人，导致未成年学生因脱离监护人的保护而发生伤害的。

⑫学校有未依法履行职责的其他情形的。

（2）学生或者未成年学生监护人需要承担责任的学生伤害事故

①学生违反法律法规的规定，违反社会公共行为准则、学校的规章制度或者纪律，实施按其年龄和认知能力应当知道具有危险或者可能危及他人的行为的。

②学生行为具有危险性，学校、教师已经告诫、纠正，但学生不听劝阻、拒不改正的。

③学生或者其监护人知道学生有特异体质，或者患有特定疾病，但未告知学校的。

④未成年学生的身体状况、行为、情绪等有异常情况，监护人知道或者已被学校告知，但未履行相应监护职责的。

⑤学生或者未成年学生监护人有其他过错的。

（3）第三方承担责任的学生伤害事故

学校安排学生参加活动，因提供场地、设备、交通工具、食品及其他消费与服务的经营者，或者学校以外的活动组织者的过错造成的学生伤害事故，有过错的当事人应当依法承担相应的责任。

（4）学校不承担责任的学生伤害事故

下列学生伤害事故，学校已履行了相应职责，行为并无不当的，无法律责任：

①地震、雷击、台风、洪水等不可抗的自然因素造成的。

②来自学校外部的突发性、偶发性侵害造成的。

③学生有特异体质、特定疾病或者异常心理状态，学校不知道或者难以知道的。

④学生自杀、自伤的。

⑤在对抗性或者具有风险性的体育竞赛活动中发生意外伤害的。

⑥在学生自行上学、放学、返校、离校途中发生的。

⑦在学生自行外出或者擅自离校期间发生的。

⑧在放学后、节假日或者假期等学校工作时间以外，学生自行滞留学校或者自行到校发生的。

⑨其他意外因素造成或其他在学校管理职责范围外发生的。

（5）教师职务行为的法律责任

因为教师职务行为导致的学生伤害事故，由所在学校直接承担责任。判断一个教师的行为是否职务行为，要从以下几点综合加以考虑：

○时间因素：教师的行为是否发生在其上班时间。

○岗位因素：教师的行为是否发生在其工作岗位。

○职责因素：教师的行为是否发生在其职责范围。

○命令因素：教师的行为是否是在执行学校命令。

因为学校教师或者其他工作人员与其职务无关的个人行为，或者因学生、教师及其他个人故意实施的违法犯罪行为，造成学生人身损害的，由致害人依法承担相应的责任。

2.《事故处理办法》中的事故处理程序

（1）救助与通知

发生学生伤害事故，学校应当及时救助受伤害学生，并应当及时告知未成年学生的监护人；有条件的，应当采取紧急救援等方式救助。

（2）事故上报

发生学生伤害事故，情形严重的，学校应当及时向主管教育行政部门及有关部门报告；属于重大伤亡事故的，教育行政部门应当按照有关规定及时向同级人民政府和上一级教育行政部门报告。

学校的主管教育行政部门应学校要求或者认为必要，可以指导、协助学校进行事故的处理工作，尽快恢复学校正常的教育教学秩序。

（3）法律救济

当在学校安全事故中有学生伤亡的情况，学校很可能就会面临责任划分、赔偿确定的问题。按照《事故处理办法》及其他有关法律的规定，其中的法律救济程序可以有协商、调解、诉讼等方式。在这几种救济方式中，受伤害的学生及其监护人可以自由选择。

3. 《事故处理办法》中的事故损害赔偿

（1）赔偿主体的确定

①对发生学生伤害事故负有责任的组织或者个人，应当按照法律法规的有关规定，承担相应的损害赔偿责任。

②因学校教师或者其他工作人员在履行职务中的故意或者重大过失造成的学生伤害事故，学校予以赔偿后，可以向有关责任人员追偿。

③未成年学生对学生伤害事故负有责任的，由其监护人依法承担相应的赔偿责任。学生的行为侵害学校教师及其他工作人员以及其他组织、个人的合法权益，造成损失的，成年学生或者未成年学生的监护人应当依法予以赔偿。

④学校无责任的，如果有条件，可以根据实际情况，本着自愿和可能的原则，对受伤害学生给予适当的帮助。

（2）赔偿形式的确定

①学生伤害事故赔偿的范围与标准，按照有关行政法规、地方性法规或者最高人民法院司法解释中的有关规定确定。

②对受伤害学生的伤残程度存在争议的，可以委托当地具有相应鉴定资格的医院或者有关机构，依据国家规定的人体伤残标准进行鉴定。

③学校对学生伤害事故负有责任的，根据责任大小，适当予以经济赔偿，但不承担解决户口、住房、就业等与救助受伤害学生、赔偿相应经济损失无直接关系的其他事项。

（3）赔偿资金的筹集

①根据双方达成的协议、经调解形成的协议或者人民法院的生效判决，应当由学校负担的赔偿金，学校应当负责筹措；学校无力完全筹措的，由学校的主管部门或者举办者协助筹措。

②县级以上人民政府教育行政部门或者学校举办者有条件的，可以通过

设立学生伤害赔偿准备金等多种形式，依法筹措伤害赔偿金。

③学校有条件的，应当依据保险法的有关规定，参加学校责任保险。教育行政部门可以根据实际情况，鼓励中小学参加学校责任保险。

④提倡学生自愿参加意外伤害保险。在尊重学生意愿的前提下，学校可以为学生参加意外伤害保险创造便利条件，但不得从中收取任何费用。

4.《事故处理办法》中的责任者处理

根据学生伤害事故当中附有相关责任的各方主体，《事故处理办法》规定了不同的处理方式。学校及有关部门应当根据《事故处理办法》及其他有关法律法规的规定，对责任人进行处理。

（1）教育行政部门责任处理

教育行政部门未履行相应职责，对学生伤害事故的发生负有责任的，由有关部门对直接负责的主管人员和其他直接责任人员分别给予相应的行政处分；有关责任人的行为触犯刑律的，应当移送司法机关依法追究刑事责任。

例如，在1994年的克拉玛依火灾当中，当地政府及教育行政部门多名工作人员被追究了刑事责任。

（2）学校责任处理

学校管理混乱，存在重大安全隐患的，主管的教育行政部门或者其他有关部门应当责令其限期整顿；对情节严重或者拒不改正的，应当依据法律法规的有关规定，给予相应的行政处罚。

（3）学校工作人员责任处理

发生学生伤害事故，学校负有责任且情节严重的，教育行政部门应当根据有关规定，对学校的直接负责的主管人员和其他直接责任人员，分别给予相应的行政处分；有关责任人的行为触犯刑律的，应当移送司法机关依法追究刑事责任。

（4）学生责任处理

违反学校纪律，对造成学生伤害事故负有责任的学生，学校可以给予相应的处分；触犯刑律的，由司法机关依法追究刑事责任。

（5）学生监护人责任处理

受伤害学生的监护人、亲属或者其他有关人员，在事故处理过程中无理取闹，扰乱学校正常教育教学秩序，或者侵犯学校、学校教师或者其他工作人员的合法权益的，学校应当报告公安机关依法处理；造成损失的，可以依法要求赔偿。

六、其他学前教育政策法律解读

1.《教师法》

《教师法》的起草工作历经 8 年，于 1993 年 10 月 31 日第八届全国人大常委会第四次会议审议通过，并于 1994 年 1 月 1 日开始施行。《教师法》的制定和颁布，对于提高教师的地位，保障教师的合法权益，造就一支具有良好的思想品德和业务素质的教师队伍，促进我国社会主义教育事业的发展，有着重要的意义。2009 年，《教师法》有所修正。

《教师法》规定了教师的范围和法律地位，明确了教师职业的性质、内容和特点，对教师的权利义务做出了比较明确的规定，使加强教师队伍的建设和提高教师待遇有了具体和针对性的内容。《教师法》共分为 9 章 43 条。其中第一章"总则"规定了《教师法》的立法依据、适用范围、教师的行政管理以及教师节等内容。第二章"权利和义务"规定了教师的权利和义务以及其他组织机构应当履行的职责。第三章"资格和任用"规定了教师的资格制度以及相应的学历要求、认定程序等内容。第四章"培养和培训"规定了师范教育、中小学教师培训等内容。第五章"考核"规定了学校和其他教育机构对教师的工作进行考核的相关内容。第六章"待遇"规定了教师的工资不低于或者高于国家公务员的平均工资水平以及住房、医疗、退休等待遇。第七章"奖励"规定了对优秀教师的表彰制度。第八章"法律责任"规定了对侵犯教师权益的行为、教师不履行职责的行为等情况追究法律责任的内容。第九章"附则"规定了《教师法》的用语含义、施行时间等内容。

2. 《民办教育促进法》

为了对民办教育进行必要的规范，国务院曾经在1997年专门颁布了《社会力量办学条例》，该条例对民办教育的发展起到了一定积极作用。但随着民办教育的迅速发展，制定专门规范民办教育法律的问题便显得尤为重要。2002年12月28日，第九届全国人民代表大会常委会第三十一次会议审议通过了《民办教育促进法》，该法于2003年9月1日正式实施，国务院颁布的《社会力量办学条例》同时废止。2013年，该法有所修正。2016年修订的《民办教育促进法》规定对非营利性与营利性民办学校实行分类管理，为民办教育的规范发展提供了保障。2018年，《民办教育促进法》有所修正。

《民办教育促进法》是教育法律体系中专门规范民办教育的法律。改革开放以来，我国民办教育得到了迅速发展，为推动办学体制改革，促进教育发展，增加公民的受教育机会，保障公民的受教育选择权发挥了积极作用。

《民办教育促进法》在"总则"中首先对民办教育的适用范围做了明确规定："国家机构以外的社会组织或者个人，利用非国家财政性经费，面向社会举办学校及其他教育机构的活动，适用本法。"从而明确了民办教育的办学主体、经费来源、招生对象等主要特征。同时明确了民办教育的公益性质："民办教育事业属于公益性事业，是社会主义教育事业的组成部分。"

在我国，目前民办的学前教育机构数量非常庞大。截止到2017年，我国民办幼儿园16.04万所，占我国全部幼儿园的62.9%；在园儿童2572.34万人，占全部在园儿童的50.2%。在这种情况下，如何让民办学前教育机构在法律的保驾护航下健康成长，直接关系到我国学前教育的发展。因此，从这个角度说，《民办教育促进法》对于学前教育来说尤为重要。

3.《中华人民共和国未成年人保护法》

《中华人民共和国未成年人保护法（修订草案）》于 2006 年 12 月 29 日由第十届全国人大常委会第二十五次会议审议通过。修订后的《中华人民共和国未成年人保护法》（以下简称《未成年人保护法》）自 2007 年 6 月 1 日起施行。这次修订从我国现阶段的国情出发，针对未成年人保护方面存在的突出问题，进一步明确了未成年人的权利和保护未成年人的原则，凸显了政府执法主体的地位，全面充实了家庭、学校、社会和司法四大保护的内容，强化了法律责任，法的针对性和适用性大大增强。该法的修订进一步完善了未成年人保护法律制度，为维护未成年人合法权益，促进未成年人健康成长提供了更好的法律保障，充分体现了党和国家对未成年人的关心和爱护。

新修订的《未成年人保护法》从政府、家庭、学校、社会等角度强调了对未成年人的保护。

首先是政府对未成人的保护。保护未成年人是全社会的共同责任，各级政府责任尤为重大。新法进一步明确了政府及其有关部门执法主体的地位和职责。在 2006 年 3 月，十届全国人民代表大会第四次会议批准的《中华人民共和国国民经济和社会发展第十一个五年规划纲要》中，就有多处内容涉及未成年人保护工作。修订后的《未成年人保护法》第七条也明确规定了"国务院和地方各级人民政府领导有关部门做好未成年人保护工作"。同时，为了使各有关部门的工作能够协调互动，形成合力，法律还规定："国务院和省、自治区、直辖市人民政府采取组织措施，协调有关部门做好未成年人保护工作。具体机构由国务院和省、自治区、直辖市人民政府规定。"同时在"社会保护"一章和"法律责任"一章中，新法对县级以上人民政府及其教育、公安、民政、文化、卫生等有关部门的责任作了进一步规定。可以说，进一步明确和强化政府及其有关部门的职责是本法修订的重点之一。

其次是家庭对未成年人的保护。家庭在未成年人保护工作中承担着重要责任，家庭环境如何，父母素质如何，父母履行监护职责的状况如何，往往影响有时甚至决定孩子的一生。我国历来重视家庭在养育孩子方面的作用，《未成年人保护法》规定的"四大保护"，排在第一位的就是家庭保护。我国家庭保护的情况总体上是好的，但依然存在不少问题。有的动辄打骂，有的娇惯溺爱，有的放任自流，有的自身有不良习气而影响孩子，有的望子成龙，在学习上逼迫孩子，等等。同时，随着计划生育的实施独生子女增多，随着农民工队伍的壮大留守儿童增多，随着离婚率的上升单亲家庭增多等，这些新的情况给家庭保护提出了新的问题和挑战。针对上述问题，修订后的《未成年人保护法》主要增加了以下内容：一是规定"父母或者其他监护人应当创造良好、和睦的家庭环境"，"禁止对未成年人实施家庭暴力"。二是规定"父母或者其他监护人应当学习家庭教育知识，正确履行监护职责，抚养、教育未成年人"，"有关国家机关和社会组织应当为未成年人的父母或者其他监护人提供家庭教育指导"。三是规定"父母或者其他监护人应当根据未成年人的年龄、智力发展状况，在做出与未成年人权益有关的决定时告知其本人，并听取他们的意见"。四是规定"父母因外出务工或者其他原因不能履行对未成年人监护职责的，应当委托有监护能力的其他成年人代为监护"。

再次是学校对未成年人的保护。学校和幼儿园是教育、培养未成年人的基地，不仅要履行对未成年人的教育职能，还要依法承担对未成年人的保护义务。20世纪90年代以来，我国先后制定了《教育法》《义务教育法》《职业教育法》《教师法》《民办教育促进法》等法律，近年，又全面修订了《义务教育法》。这些法律对于学校的设置及职责、教师的权利和义务、未成年人受教育权的保障等做出了比较明确的规定。根据《未成年人保护法》的特点和当前学校保护中面临的突出问题，修订后的《未成年人保护法》主要增加了以下几个方面的内容：一是为了全面贯彻国家的教育方针，强调"实施素质教育，提高教育质量，注重培养未成年学生独立思考能力、创新能力和实践能力，促进未成年学生全面发展"。二是为了保障未成年人身心健康发展，规定"学校应当与未成年学生的父母或者其他监护人互相配合，保证未成年学生的睡眠、娱乐和体育锻炼时间，不得加重其学习负担"。三是为了保障未成年学生的人身安全，规定"学校、幼儿园、托儿所应当建立安全制度，加强对未成年人的安全教育，采取措施保障未成年人的人身安全"。并对学校安全事故的预防、报告和处理等问题做出了新规定。四是为了预防和减少未成年人违法犯罪，规定"对于在学校接受教育的有严重不良行为的未成年学生，学校和父母或者其他监护人应当互相配合加以管教；无力管教或者管教无效的，可以按照有关规定将其送专门学校继续接受教育"。并规定："依法设置专门学校的地方人民政府应当保障专门学校的办学条件，教育行政部门应当加强对专门学校的管理和指导，有关部门应当给予协助和配合。"

最后是社会对未成年人的保护。社会保护特指在社会生活环境中对未成年人实行的保护，其作用归结到一点，就是创造一种有利于未成年人健康成长的社会环境。这次修订在第四章第 27 条增加一款："全社会应当树立尊重、保护、教育未成年人的良好风尚，关心、爱护未成年人。"这一章主要增加了以下内容：一是针对未成年人活动场所不足、有些场所利用又不够充分等问题，修订后的《未成年人保护法》第四章第 30 条规定："爱国主义教育基地、图书馆、青少年宫、儿童活动中心应当对未成年人免费开放；博物馆、纪念馆、科技馆、展览馆、美术馆、文化馆以及影剧院、体育场馆、动物园、公园等场所，应当按照有关规定对未成年人免费或者优惠开放。"第 31 条规定，"县级以上人民政府及其教育行政部门应当采取措施，鼓励和支持中小学校在节假日期间将文化体育设施对未成年人免费或者优惠开放。"并规定，鼓励社会力量兴办适合未成年人的活动场所。二是为了使未成年人免受不良文化的危害，规定中小学周边不得设置营利性歌舞娱乐场所和互联网上网服务营业场所，其他地方设置的这些场所不得允许未成年人进入，禁止制作和向未成年人出售、出租不良文化产品。特别是针对未成年人沉迷网络这一突出问题，增加一条新规定："国家采取措施，预防未成年人沉迷网络。""国家鼓励研究开发有利于未成年人健康成长的网络产品，推广用于阻止未成年人沉迷网络的新技术。"三是为了维护未成年人的人身权，规定："禁止拐卖、绑架、虐待未成年人，禁止对未成年人实施性侵害。""禁止胁迫、诱骗、利用未成年人乞讨或者组织未成年人进行有害其身心健康的表演等活动。""公安机关应当采取有力措施，依法维护校园周边的治安和交通秩序，预防和制止侵害未成年人合法权益的违法犯罪行为。"并对用于未成年人的食品、药品等的质量标准、禁止向未成年人出售烟酒等问题作了规定。四是为了更好地维护弱势未成年人群体的合法权益，规定："各级人民政府应当保障未成年人受教育的权利，并采取措施保障家庭经济困难的、残疾的和流动人口中的未成年人等接受义务教育。"并对孤儿和流浪、乞讨等生活无着未成年人的救助问题进一步作了规定。

4. 《中华人民共和国教师资格条例》（以下简称《教师资格条例》）

《教师资格条例》是为了提高教师素质，加强教师队伍建设，依据《教师法》制定的。中国公民在各级各类学校和其他教育机构中专门从事教育教学工作，应当依法取得教师资格。我国的《教师资格条例》是 1995 年 12 月 12 日颁布，并自发布之日起正式实施的。教师资格制度是一项国家法律规定的职业资格制度。教师资格制度的法律法规、政策依据是《教育法》《教师法》、国务院颁布的《教师资格条例》和教育部颁布的《〈教师资格条例〉实施办法》《关于首次认定教师资格工作若干问题的意见》等政策法规，各地也根据以上规定和本地的实际情况制定了《教师资格条例》在当地的实施细则。

教师资格制度是国家实行的一种法定的职业许可制度。教师资格是由国家对符合相应教师资格条件并提出申请的人员认定的资格，属于国家资格性质。教师资格是国家对专门从事教育教学工作人员的基本要求，是公民获得教师职位、从事教师工作的前提条件。教师资格作为国家法定的职业资格，一经取得，在全国范围内不受地域限制，具有普遍适用的效力。教师资格的丧失和撤销，必须依照法律规定办理。同时，具备教师资格者只有在被某个学校依法聘任后，方能成为教师，享有国家规定的教师权利，履行相应的义务。教师资格是国家对准备进入教师队伍、从事教育教学工作的人员的基本要求。

《教师资格条例》共7章23条，包括第一章总则、第二章教师资格分类与适用、第三章教师资格条件、第四章教师资格考试、第五章教师资格认定、第六章罚则、第七章附则等内容。

5.《规程》

我国国家教育委员会于1989年6月5日发布了《幼儿园工作规程（试行)》，自1990年2月1日起试行，到1995年共经历了6年的时间。1996年国家教育委员会根据试行期间的实际情况，对社会广泛征求意见，对《幼儿园工作规程（试行)》进行修订。1996年3月9日，国家教育委员会正式发布了《规程》，并自1996年6月1日起实施，同时宣布《幼儿园工作规程（试行)》废止。2015年12月14日，修订后的《规程》经第48次部长办公会议审议通过，并于2016年3月1日起施行。

《规程》是我国第一部规范幼儿园内部管理的规章，也是基础教育领域比较早的一部管理规章，下发20多年来对加强各级各类幼儿园的规范管理发挥了重要作用。随着经济社会的发展，学前教育改革发展的大环境发生了巨大变化，特别是《教育规划纲要》颁布后，学前教育事业规模不断扩大，普及程度大幅提高。在推进学前教育基本普及的新形势下，修订《规程》具有重要的现实意义。第一，是新形势下加强学前教育规范管理的需要。《规程》是基于当时幼儿园主要由企事业单位、部队、街道和农村集体举办，幼儿园的人财物管理由举办单位负责，教育部门主要是提供业务指导的实际而制定的。随着经济体制的改革和市场经济的推进，幼儿园的办园体制已从过去单一的以公办为主转为多元化办园的格局，民办幼儿园数量激增，占比已超过幼儿园总数的2/3。教育部门对幼儿园的规范管理已从计划经济条件下的业务指导转向办园资质审批和全面监管，需要不断完善管理制度，强化制度管理。第二，是推进幼儿园管理规范化和科学化的需要。由于长期资源不足，目前一些幼儿园在办园条件、安全卫生、教育教学、教职工管理等方面还存在很多不规范的行为，亟待通过健全规章制度，加强规范管理，引导幼儿园依法依规办园。第三，是落实依法治教的需要。近年来，有关部门出台了很多涉及幼儿园规范管理的新规定，《规程》作为一部重要的学前教育规章，需要根据新形势新要求进行修订和调整，进一步完善幼儿园管理制度，不断推进学前教育治理体系和治理能力现代化，促进学前教育健康可持续发展。

《规程》修订的主要内容包括：一是坚持立德树人。进一步强调幼儿园要坚持国家的教育方针，遵循幼儿身心发展特点和规律，实施德、智、体、美诸方面全面发展的教育，促进其身心和谐发展。二是强化安全管理。专设"幼儿园的安全"一章，明确要求幼儿园要建立健全设备设施、食品、药品以及与幼儿活动相关的各项安全防护和检查制度，建立安全责任制和应急预案。在"幼儿园的卫生保健"一章中，对建立与幼儿身心健康相关的一系列卫生保健制度做了明确规定。三是规范办园行为。新修订的《规程》对幼儿园的学制、办园规模、经费、资产、信息等方面的管理提出了明确要求。四是注重与法律法规和有关政策的衔接。一方面是做好与现行法律政策规定的衔接，如近年下发的《纲要》《3—6岁儿童学习与发展指南》（以下简称《指南》）对幼儿园的教育目标、内容、教育活动组织等提出了清晰而具体的要求，修订《规程》时将这些方面的要求改为一些原则性规定；《托儿所幼儿园卫生保健管理办法》对幼儿园卫生保健工作提出了很多新要求，《规程》与之做了相应衔接；根据新颁布的《反家庭暴力法》，增加了幼儿园应当进行反家庭暴力教育和发现家暴情况及时报案的规定。另一方面，《教育法》《民办教育促进法》《语言文字法》等法律法规对学校一些具体办学行为做了明确规定的，

《规程》不再重复提出要求。五是完善幼儿园内部管理机制。要求幼儿园进一步加强科学民主管理，强化了家长委员会的职能作用，家长委员会应参与幼儿园重要决策和事关幼儿切身利益事项的管理。强调幼儿园应当建立教研制度，加强教育教学研究，研究解决教师在保教工作中遇到的实际问题。

6.《幼儿园教育指导纲要（试行）》

2001年7月2日，教育部颁发了《幼儿园教育指导纲要（试行）》（以下简称《纲要》）。《纲要》是遵循我国《宪法》和教育基本法的精神，根据党的教育方针和《幼儿园工作规程》而制定的对全国幼儿园教育进行宏观管理和指导的单行法规文件。它与《幼儿园管理条例》《规程》等有关法律法规一起，构成了一个受共同原则指导的，具有内在协调一致性的，层次分明的幼教法规体系，从而推动我国学前教育事业向着科学化、法治化、规范化的方向发展。《纲要》总结了我国学前教育的经验、方法、措施与理念，通过立法的形式固定下来，作为指导幼儿园教育的规范性文件，为我国幼儿园的发展打下了良好的基础。

从结构来看，《纲要》由四个部分组成，分别是总则、教育目标与内容要求、教育的组织与实施、教育评价。

总则是第一部分，总则的精神贯穿了整个纲要。第一条说明了《纲要》的立法依据是《教育法》《幼儿园管理条例》《规程》等法律规范。第二条说明了我国幼儿园教育的性质和根本任务，即"幼儿园教育是基础教育的重要组成部分，是我国学校教育和终身教育的奠基阶段。城乡各类幼儿园都应从实际出发，因地制宜地实施素质教育，为幼儿一生的发展打好基础"。这样的规定充分体现出富于时代精神的终身教育理念和以儿童可持续发展为本的教育追求。第三条规定了我国幼儿园教育的外部环境原则，即幼儿园必须适应社会的变化，在更新"教育资源"概念的基础上充分利用外部资源，与家庭、社会等密切合作，共享资源，办更加开放的、社会化的幼儿教育，以促进教育社会化、社会教育化的进程。第四条指出了幼儿园教育具有自身的特点，不同于小学的特点。所以"幼儿园应为幼儿提供健康、丰富的生活和活动环境，满足他们多方面发展的需要，使他们在快乐的童年生活中获得有益于身心发展的经验"。第五条规定了幼儿园教育的内部原则，即幼儿园教育过程中必须遵守的基本规则，如幼儿园教育应尊重幼儿的人格和权利，尊重幼儿身心发展的规律和学习特点，以游戏为基本活动，保教并重，关注个别差异等，从而促进每个幼儿富有个性的发展。

第二部分教育目标与内容要求中，将幼儿学习的范畴按学习领域相对划分为广大教师所熟悉的健康、语言、社会、科学和艺术五个领域。值得注意的是每个领域中都没有列出单独的知识点或技能，而是从活动的角度附带提出知识或技能的要求。这应该是《纲要》遵循基础教育课程改革的精神，强调幼儿的主动学习，改革教学方式，希望教师不要把关注点过分集中在具体的知识或技能的教育学上，仅仅以固定知识点的达成为目标来设计教学活动，而是着力组织适合幼儿的活动，创造适宜的教育环境，从幼儿的实际生活中去发现教学赖以展开的资源，通过作用于幼儿的活动来对其发生影响，让他们获得一定的知识和技能。《纲要》在对每一领域进行阐述的时候，均包含有"目标""内容与要求""指导要点"三部分。"目标"部分主要表明该领域重点追求什么，它的主要的价值取向何在。"内容与要求"部分则在说明为实现教育目标，教师应该做什么、该怎么做，同时将该领域教育的内容自然地灌输在其中。"指导要点"的主要功能是指出该领域教和学的特点以及该领域特别应当注意的、具有普遍性的问题。

《纲要》的第三部分是教育的组织与实施。条文中贯穿了尊重儿童权利，尊重教师的创造，尊重幼儿在学习特点、发展水平、个性特征等方面的差异，尊重幼儿身心发展的客观规律，尊重教育、教学的客观规律等理念与观点，突出了幼儿园教育组织实施中的教育性、互动性、开放性、针对性、灵活性等原则。

《纲要》的第四部分是围绕幼儿园教育评价，提出了评价的发展性、合作性、标准的多元性以及多角度、多主体、多方法、重视过程、重视差异等原则，明确规定了评价的目的是幼儿的发展、教师的反思性成长和提高教育质量。

7.《关于当前发展学前教育的若干意见》

为贯彻落实党的十七届五中全会、全国教育工作会议精神和《国家中长期教育改革和发展规划纲要（2010—2020年)》，积极发展学前教育，着力解决当前存在的"入园难"问题，满足适龄儿童入园需求，促进学前教育事业科学发展，国务院于2010年11月21日发布了《关于当前发展学前教育的若干意见》（以下简称《发展意见》）。

《发展意见》提出十项措施，对我国今后的学前教育事业发展做出了一些具体性的指导。十项措施主要包括以下内容：

第一，把发展学前教育摆在更加重要的位置。《发展意见》指出，办好学前教育，关系亿万儿童的健康成长，关系千家万户的切身利益，关系国家和民族的未来。各级政府要充分认识发展学前教育的重要性和紧迫性，将大力发展学前教育作为贯彻落实教育规划纲要的突破口，作为推动教育事业科学发展的重要任务，作为建设社会主义和谐社会的重大民生工程，纳入政府工作重要议事日程，切实抓紧抓好。

第二，多种形式扩大学前教育资源。《发展意见》指出，要大力发展公办幼儿园，提供"广覆盖、保基本"的学前教育公共服务。加大政府投入，新建、改建、扩建一批安全、适用的幼儿园。鼓励优质公办幼儿园举办分园或合作办园。制定优惠政策，支持街道、农村集体举办幼儿园。鼓励社会力量以多种形式举办幼儿园。城镇小区没有配套幼儿园的，应根据居住区规划和居住人口规模，按照国家有关规定配套建设幼儿园。努力扩大农村学前教育资源。

第三，多种途径加强幼儿教师队伍建设。《发展意见》指出，要加快建设一支师德高尚、热爱儿童、业务精良、结构合理的幼儿教师队伍。中小学富余教师经培训合格后可转入学前教育。依法落实幼儿教师地位和待遇。加大面向农村的幼儿教师培养力度，扩大免费师范生学前教育专业招生规模。各地五年内对幼儿园园长和教师进行一轮全员专业培训。

第四，多种渠道加大学前教育投入。《发展意见》指出，各级政府要将学前教育经费列入财政预算。新增教育经费要向学前教育倾斜。财政性学前教育经费在同级财政性教育经费中要占合理比例，未来三年要有明显提高。各地根据实际研究制定公办幼儿园生均经费标准和生均财政拨款标准。制定优惠政策，鼓励社会力量办园和捐资助园。

第五，加强幼儿园准入管理。《发展意见》指出，要完善法律法规，规范学前教育管理。严格执行幼儿园准入制度。各地根据国家基本标准和社会对幼儿保教的不同需求，制定各种类型幼儿园的办园标准，实行分类管理、分类指导。完善和落实幼儿园年检制度。未取得办园许可证和未办理登记注册手续，任何单位和个人不得举办幼儿园。分类治理、妥善解决无证办园问题。

第六，强化幼儿园安全监管。《发展意见》指出，各地要高度重视幼儿园安全保障工作，加强安全设施建设，配备保安人员，健全各项安全管理制度和安全责任制，落实各项措施，严防事故发生。相关部门按职能分工，建立全覆盖的幼儿园安全防护体系，切实加大工作力度，加强监督指导。幼儿园要提高安全防范意识，加强内部安全管理。

第七，规范幼儿园收费管理。《发展意见》提出，国家有关部门2011年将出台"幼儿园收费管理办法"。省级有关部门根据城乡经济社会发展水平、办园成本和群众承受能力，按照非义务教育阶段家庭合理分担教育成本的原则，制定公办幼儿园收费标准。加强民办幼儿园收费管理，完善备案程序，加强分类指导。幼儿园实行收费公示制度，接受社会监督。加强收费监管，坚决查处乱收费。

第八，坚持科学保教，促进幼儿身心健康发展。《发展意见》要求加强对幼儿园保教工作的指导，2010年国家将颁布"幼儿学习与发展指南"。遵循幼儿身心发展规律，面向全体幼儿，关注个体差异，坚持以游戏为基本活动，保教结合，寓教于乐，促进幼儿健康成长。加强对幼儿园玩教具、幼儿图书的配备与指导，为儿童创设丰富多彩的教育环境，防止和纠正幼儿园教育"小学化"倾向。

第九，完善工作机制，加强组织领导。《发展意见》提出，教育部门要完善政策，制定标准，充实管理、教研力量，加强学前教育的监督管理和科学指导。价格、财政、教育部门要根据职责分工，加强幼儿园收费管理。综治、公安部门要加强对幼儿园安全保卫工作的监督指导，整治、净化周边环境。卫生部门要监督指导幼儿园卫生保健工作。民政、工商、质检、安全生产监管、食品药品监管等部门要根据职能分工，加强对幼儿园的指导和管理。

第十，统筹规划，实施学前教育三年行动计划。《发展意见》要求各省（区、市）政府要深入调查，准确掌握当地学前教育的基本状况和存在的突出问题，结合本区域经济社会发展状况和适龄人口分布、变化趋势，科学测算入园需求和供需缺口，确定发展目标，分解年度任务，落实经费，以县为单位编制学前教育三年行动计划，有效缓解"入园难"。

8.《中共中央 国务院关于学前教育深化改革规范发展的若干意见》

《中共中央 国务院关于学前教育深化改革规范发展的若干意见》（以下简称《深化意见》）是新中国成立以来，第一个以中共中央 国务院名义印发的关于学前教育工作的文件，也是2018年全国教育大会召开之后教育工作的一个重磅政策性文件。这个重要的文件针对近年来深深困扰大家的入园难、入园贵、监管弱等一系列问题，对新时代的学前教育改革发展进行了一个顶层设计和全面部署。《深化意见》共分九个部分，主要内容如下。

第一部分是总体要求。明确了学前教育的指导思想、基本原则、主要目标，强调办好新时代学前教育，必须坚持以习近平新时代中国特色社会主义思想为指导，认真落实立德树人根本任务，牢牢把握公益普惠的基本方向，切实落实各级政府在学前教育的规划、投入、教师队伍建设、监管等方面的重要责任，坚持公办民办并举，着力扩大普惠性学前教育资源，完善学前教育的体制机制和政策保障体系，推动学前教育"普及普惠安全优质"的八个字发展目标。这八个字的目标也非常重要，也是第一次在中央文件当中提出了学前教育这样八个字的发展目标要求，针对性非常强。《深化意见》明确了到 2020 年的发展目标和到 2035 年的中长期目标；提出到 2020 年，公办园毛入园率达到 85%、普惠性幼儿园入园率达到 80%，也就是说普惠性民办园和公办园的占比均达到甚至超过 80%，基本建成广覆盖、保基本、有质量的学前教育公共服务体系。这样一个目标的提出，实际上就是让我们的绝大多数孩子能够享受普惠性的学前教育，有效地破解"入园难""入园贵"的问题。到 2035 年，全面普及学前三年教育，建成覆盖城乡、布局合理的学前教育公共服务体系，为幼儿提供更加充裕、更加普惠、更加优质的学前教育，这是一个总体要求。

第二部分是优化布局与办园结构。比如说为了实现我们的普及、普惠的目标，我们必须在办园体系上、办园结构上有合理的设计。强调构建以普惠性资源为主体的办园体系，大力发展公办园，逐步提高公办园在园幼儿占比，到 2020 年全国原则上达到 50%，同时积极扶持民办园提供普惠性的服务，规范营利性民办园的发展，使办园结构和资源供给既充分满足人民群众对普惠性学前教育的强烈愿望，又满足一些家长多样化的选择性需求。实际上，将来在我们的办园体系当中，有公办园，有普惠性的民办园，这是主体，绝大多数，同时还有一部分营利性的民办园，满足家长选择性的需求。

第三部分是拓宽途径扩大资源供给。主要强调了四个方面的措施。一是国家继续实施学前教育行动计划，重点支持农村地区、脱贫攻坚地区、新增人口集中地区新建、改扩建一批普惠性的幼儿园。二是积极挖潜扩大增量。

也就是千方百计、多种渠道来扩大我们的学前教育资源供给。充分利用乡村公共服务设施、农村中小学闲置校舍等资源举办公办园，鼓励支持街道、村集体和有实力的国有企事业单位举办公办园。三是规范小区配套园建设使用，并开展专项治理，将小区配套园建成公办园或者委托办成普惠性的民办园。这是扩大我们普惠性资源供给的重要渠道。四是鼓励社会力量办园，加大力度积极扶持民办园提供普惠性服务，要求各省（区、市）进一步完善普惠性民办园认定标准、补助标准及扶持政策。

第四部分是健全经费投入长效机制。主要有三个方面的举措。一是优化经费投入结构，逐步提高学前教育财政投入和支出水平。中央财政继续安排支持学前教育发展的专项资金，重点向中西部地区和贫困地区倾斜。二是健全学前教育成本分担机制，因为学前教育是非义务教育，所以必须完善我们的成本分担机制。到2020年，各省区市要出台并落实公办园生均拨款标准或者是生均公用经费标准。现在大多数省份也已经制定了相应的一些文件，还有一些省份没有出台，所以要加快出台。标准偏低的省份也应该适当提高一些标准。要制定企事业单位、部队、街道、村集体办园和普惠性民办园财政补助政策。根据办园成本、经济发展水平和群众的接受能力，合理确定公办园收费标准并建立定期动态调整机制。也就是我们公办园的收费标准不能长期不动，要根据我们的经济发展水平和人民群众的承受能力适当进行调整。民办园收费项目和标准根据办园成本、市场需求等因素合理确定，向社会公示，并接受有关主管部门的监督，要坚决抑制过高的收费。三是完善学前教育资助政策。我们的政策是非常严谨的一个系统，在完善成本分担机制的同时，对家庭经济困难的幼儿，包括我们的一些孤儿、残疾儿童，接受普惠性学前教育，要适当给予资助。

第五部分是对加强教师队伍建设提出要求。主要有四个方面的举措：一是要严格依照标准来配备教职工。因为保障学前教育保教工作的正常开展，必须满足教职工配备的基本需求，这是遵循教育规律、发展教育事业一个重要的基础。要求及时补充公办园教职工，严禁"有编不补"。民办园要按照配备标准配足配齐教职工。二是要健全待遇保障机制。要认真解决公办园教师待遇问题，明确提出了要统筹公办园教职工工资收入政策、经费支出渠道，确保公办园所聘用教授的工资及时足额发放、同工同酬。现在客观上我们存在着在同一个幼儿园，因为身份的不同教师的工资存在较大差异的实际情况，所以这次文件明确提出要做好这两个统筹，这两个统筹的核心思想就是在工资标准上要统筹，要执行相应统一的工资收入政策。三是在经费渠道上要统筹，都要有经费的保障。做到及时足额发放、同工同酬。将公办园当中的保育员、安保、厨师等服务纳入政府购买服务的范畴，这个也很重要，也是保障保教工作正常进行的重要生活服务方面的保障。纳入地方财政预算，有条件的地方可以试点实施乡村公办园教师生活补助政策，大家都知道义务教育阶段的教师，特别是集中连片贫困地区的乡村教师已经实施了生活补助政策，这次对学前教育幼儿园的老师也给地方留出政策的空间。民办园要参照当地公办园教师工资收入水平，合理确定相应教师的工资收入。这也是一个重大政策，对解决民办园的教师工资偏低问题进一步明确了这样一些要求。各类幼儿园要依法依规足额足项为教职工缴纳社会保险和住房公积金。文件还对教师的职称、奖励等方面的政策也做出了规定。四是提高教师的素质。要严把幼儿园教师的入口关，全面落实持证上岗制度。健全幼儿园教师培养体系，办好幼儿师范教育，扩大有质量的教师供给。制定幼儿园教师培训课程指导标准，实行幼儿园园长、教师定期培训和全员轮训制度。我们有一个专项的规划，来全面加强幼儿园教师的培训；进一步提高幼儿教师的科学保教的素质和能力。

第六部分是完善监管体系。主要有五个方面的措施，因为过去我们幼儿园的监管是一个薄弱环节，也暴露出不少问题，所以这次文件也高度重视幼儿园的监管问题。一是完善教育部门主管、各有关部门分工负责的监管机制。要充实教育部门学前教育管理机构和管理人员。二是加强源头监管。严格落实幼儿园的准入管理，严格执行"先证后照"制度。三是完善过程监管。强化对幼儿园教职工资质和配备、收费行为、安全防护、卫生保健、保教质量方面的动态监管。四是强化安全监管。健全幼儿园安全防护体系，提升人防、物防、技防的能力。五是严格依法监管。实行幼儿园责任督学挂牌督导制度。对存在伤害儿童、违规收费等行为的，要依法依规严肃处理。这次《深化意见》提出了四个监管，从源头、过程、安全、依法这四个方面来进行全面监管。

第七部分是规范发展民办园。强调在坚持鼓励支持社会力量办园的同时，要强化民办园的规范发展，提出了三个方面的举措。一是要稳妥实施分类管理，明确分类管理政策，确保分类登记平稳实施、有序推进。这个跟《民办教育促进法》的有关规定是相一致的，稳妥地实施分类整体管理。二是针对部分民办园过度逐利行为要进行坚决遏制。对规范发展民办园主要是在办园方向上、办园行为上进行规范，因为我们的学前教育是重要的公益事业，不能把它作为逐利的一个市场，不能允许有过度的、逐利的行为存在。所以这次《深化意见》明确规定了"社会资本不得通过兼并收购、受托经营、加盟连锁、利用可变利益资本、协议控制等方式来控制国有资产或者集体资产举办的幼儿园和非营利性的幼儿园"，同时规定"民办园一律不准单独或者作为一部分资产打包上市，上市公司不得通过股票市场融资投资营利性幼儿园，不得通过发行股份或者支付现金等方式购买营利性幼儿园资产"等规定，做出了这样的规定。这填补了制度的空白，堵住监管的漏洞，促进学前教育回归教育本位，回归育人本位。三是分类治理无证园。也就是通过我们的排查、治理、分类、整改，使基本符合办园条件的，该发证的发证，实在不具备安全、卫生等办园条件的，该停止的停止，该关门的要关门，以维护广大幼儿身心健康、成长发育的需要出发，做好清理、治理工作。

第八部分提升幼儿园保教质量。主要有四个方面的内容：一是要全面改善办园条件，引导幼儿园为幼儿提供有利于激发学习探索、安全、丰富、适宜的玩教具和图书，改善幼儿园的保教环境和条件。二是坚持保教结合，寓教于乐，要遵循幼儿的身心特点，要坚持以游戏为基本活动，要坚决防止和纠正幼儿园"小学化"的倾向。教育部已经部署开展了"小学化"的专项治理工作。三是完善学前教育的教研体系，加强园本教研、区域教研。充分发挥教研对提高保教水平、提高教师素质的重要作用。四是健全质量评估监测体系，将各类幼儿园全部纳入质量评估的范畴，定期向社会公布我们质量评估的结果，接受社会的监督。

第九部分是强化组织领导。重点强调了加强党对学前教育事业的领导，落实学前教育的管理体制，完善部门协调的工作机制，还提出要制定"学前教育法"，这已经列入了全国人大的立法进程，现在教育部正在组织力量研究起草"学前教育法"的文本，建立督导问责机制等方面的重要举措。

第三章 幼儿园相关法律问题

一、幼儿园的法律地位

幼儿园的法律地位是指幼儿园作为独立法人或者法律主体的地位，是幼儿园的权利和责任的统一体。

1. 法人

根据我国法律的规定，法人是指具有权利能力和行为能力，依法独立享有法律权利和承担法律义务的组织。法人最显著的特征反映在两个方面：

（1）法人是具有权利能力和行为能力的社会组织

法人是自然人之外另一类重要的法律主体，法人与自然人的根本区别在于法人是社会组织，而不是基于自然规律出生的人。作为社会组织，法人既可以是人的集合，也可以是财产的集合，却不能是单个自然人。法人是社会组织，但社会组织并不都是法人。只有具有法律权利能力和法律行为能力，具备一定条件的社会组织，才能成为法人。

（2）法人是依法独立享受法律权利和承担法律义务的社会组织

除了法人之外，其他社会组织也可具有法律权利能力和法律行为能力，法人与其他非法人组织的重要区别在于法人是完全独立享受法律权利和承担法律义务的社会组织。法人的独立性体现在以下三个方面：

一是组织上的独立性。这种独立性表现在：法人有自己独立的健全的组织机构，能形成统一的意志和执行自己的意志；法人组织与其成员完全相独立，不会因其成员的死亡、退出或破产而影响其存续；法人无须依赖其他组织而能独立存在。凡需要依靠其他组织存在的，如幼儿园中的班级、教研组，都不能成为法人。法人组织的独立性，使其能够以自己的名义独立享受法律权利和承担法律义务。

二是财产上的独立性。财产上的独立性是指法人的财产与其创办人的其他财产、与其他组织和自然人的财产、与法人内部成员的财产相分离，完全独立地由法人支配。每个法人都对自己的财产享有财产权，也只能支配自己的财产，而不能支配他人的财产；每个法人的财产权都受法律的保护，任何人和组织都无权处理法人的财产。法人财产上的独立性是法人能以自己的名义进行法律活动的物质前提和基本保障。

三是责任上的独立性。责任上的独立性是指法人仅以自己的财产对自己在民事活动中发生的债务负清偿责任。除法律另有特别规定外，法人不对其他组织和个人包括其创办人和成员的债务承担责任，其他人也不对法人的债务负清偿责任。

目前，我国绝大多数的幼儿园具有独立的法人地位，独立享有法律权利并承担法律义务。但也有一定数量的幼儿园附属于其他法律主体，不能独立承担法律责任。

2. 幼儿园的法人地位

一所幼儿园要成为独立的法人，必须具备以下条件：

（1）依法成立

所谓依法成立，指法人须依照法律的规定成立。这包括两个方面，一是幼儿园法人设立的目的、宗旨、组织形式、活动范围等必须符合《教育法》等法律的规定；二是幼儿园法人的成立必须依照法律规定的程序成立。非依照法律规定程序成立的幼儿园，不仅不能成为独立法人，还要承担违法办学的法律责任。

（2）有必要的财产和经费

幼儿园要进行正常的教育教学，成为独立法人单位，必须具备相应的硬件设施和经费保障，这也是幼儿园法人作为民事主体独立进行民事活动的物质基础，也是法人独立承担民事责任的财产保障。由于幼儿园的类型、规模不同，其所需的必要财产和经费也相应地有所区别。

（3）有自己的名称、组织机构和场所

幼儿园法人的名称是自己区别于其他教育机构的符号，有了自己的名称，幼儿园法人才能以自己的名义进行法律活动，并以自己的名义享受权利和承担义务。因此，幼儿园法人必须要有自己的名称，而且一个幼儿园法人只能具有一个名称。幼儿园法人的名称应当能反映自己的性质并符合法律关于幼儿园法人名称的规定，不得使用法律禁止使用的名称。

（4）能独立承担法律责任

这里的法律责任主要是指民事法律责任。能独立以自己的名义承担法律责任有三层含义：首先是幼儿园法人能以自己的名义承担法律责任，而不是以他人的名义承担法律责任；其次是幼儿园法人有能力承担法律责任；最后是幼儿园法人能以自己独立的财产承担相应的法律责任，而不能以他人的财产承担法律责任。

3. 幼儿园的法定代表人

幼儿园的法定代表人是依照法律或者法人组织章程规定，代表法人行使职权的负责人。法定代表人是法人机关的组成之一，其特征在于：

（1）幼儿园法定代表人是由法律或幼儿园法人的组织章程规定的

幼儿园法人的法定代表人只能是幼儿园的负责人。《中华人民共和国民法通则》（以下简称《民法通则》）第36条规定："法人是具有民事权利能力和民事行为能力，依法独立享有民事权利和承担民事义务的组织。"

（2）幼儿园法定代表人是代表幼儿园法人行使职权的负责人

幼儿园法人的法定代表人代表幼儿园行使职权，直接根据法律或章程的规定以幼儿园法人的名义代表幼儿园进行法律活动，而无须另行授权。幼儿园法定代表人在职权范围内代表幼儿园法人进行的法律活动，其法律后果由幼儿园法人直接承担。

（3）幼儿园法定代表人是代表幼儿园法人进行业务活动的自然人

幼儿园法人的法定代表人只能由自然人担当，一个自然人担任法定代表人在职权范围内代表法人进行活动时，才为法定代表人，其行为也才为法人的行为。若其不是代表法人进行活动，则不为法定代表人，其行为属于自己的个人行为。

二、幼儿园的设立

幼儿园作为实施教育教学工作、培养学龄前儿童的组织机构，其设置必须要符合国家和社会公共利益的需要。只有具备法律设置的办学条件，幼儿园才可能保证正常地履行教书育人的效果。

1. 幼儿园设置的条件

为了保证幼儿园的办学效果，维护教育的公益性，《教育法》《幼儿园管理条例》和《民办教育促进法》等法律法规规定了设立幼儿园所必需的条件：

（1）有组织机构和章程

分工明确、职责清晰的组织机构是幼儿园能正常运作的基本保证。在幼儿园的运作过程中，在幼儿园层面主要有党务组织、行政组织、工会组织等机构，一些民办教育机构还具有董事会等机构。下属部门主要有教务管理、后勤管理、行政管理等具体的工作部门。

幼儿园章程是幼儿园依照《教育法》以及其他相关法律法规的规定制定的，是有关幼儿园性质、办学宗旨、办学规模、主要任务、组织机构、教师和学生管理、财务管理的纲领性文件。它是一个幼儿园教育教学行为的基本准则，是依法治校最基本的保证。

（2）有合格的工作人员

幼儿园的工作人员主要由园长、教师和教辅人员组成，其中幼儿园园长应有一定的教育工作经验和组织管理能力，并获得幼儿园园长岗位培训合格证书。幼儿园园长由举办者任命或聘任。非地方人民政府设置的幼儿园园长应报当地教育行政部门备案。幼儿园园长负责幼儿园的全面工作，其主要职责如下：贯彻执行国家的有关法律、法规、方针、政策和上级主管部门的规定；领导教育、卫生保健、安全保卫工作，负责建立并组织执行各种规章制度，负责聘任、调配工作人员；指导、检查和评估教师以及其他工作人员的工作，并给予奖惩；负责工作人员的思想工作，组织文化、业务学习，并为他们的政治和文化、业务进修创造必要的条件；关心和逐步改善工作人员的生活、工作条件，维护他们的合法权益；组织管理园舍、设备和经费；组织和指导家长工作；负责与社区的联系和合作等。

教师是幼儿园教育教学工作的骨干力量，承担着幼儿园教书育人的任务。幼儿园的教育效果如何，都要靠教师具体来落实，所以打造一支优秀的教师队伍，是建设一所优秀幼儿园的基本保障。因此，根据《教育法》《教师法》的有关规定，幼儿园的教师必须要具备教师的任职资格，国家对教师实行法定的职业准入制度。申请设立的幼儿园应当具备符合法律法规要求的教师队伍，聘任的教师应当具有教师资格，取得相应的教师资格证书。幼儿园教师对本班工作全面负责，其主要职责如下：观察了解幼儿，依据国家规定的幼儿园课程标准，结合本班幼儿的具体情况，制订和执行教育工作计划，完成教育任务；严格执行幼儿园安全、卫生保健制度，指导并配合保育员管理本班幼儿生活和做好卫生保健工作；与家长保持经常联系，了解幼儿家庭的教育环境，商讨符合幼儿特点的教育措施，共同配合完成教育任务；参加业务学习和幼儿教育研究活动；定期向园长汇报，接受其检查和指导。

另外，幼儿园还应当有一定数量的保育员、医务人员、事务人员、炊事员和其他工作人员等。根据《幼儿园管理条例》的有关规定，幼儿园园长、教师应当具有幼儿师范学校（包括职业学校幼儿教育专业）毕业程度，或者经教育行政部门考核取得相应教师资格；医师应当具有医学院校毕业程度，医士和护士应当具有中等卫生学校毕业程度，或者取得卫生行政部门的资格认定；保健员应当具有高中毕业程度，并受过幼儿保健培训；保育员应当具有初中毕业程度，并受过幼儿保育职业培训。慢性病、精神病患者，不得在幼儿园工作。

（3）有符合规定标准的教学场所及设施设备

申请举办幼儿园应当具备符合相关标准要求的场地和设施设备，这是幼儿园完成办学任务、保障教学的基本条件。例如，符合相关要求的园舍、场地、教学仪器、图书资料等物质条件。这里的"规定标准"，是指幼儿园的规划面积、教室面积、桌椅、活动场地、食宿条件等设施设备的具体标准。其中既有保证教育教学正常进行的必要的物质标准，也有涉及幼儿园卫生、安全等方面的具体要求。这些具体的标准包括《城市幼儿园建筑面积定额》《中等师范幼儿园及城市一般中、小幼儿园舍规划面积定额》《幼儿园建筑设计规范》等。

（4）有必要的办学资金和稳定的经费来源

申请设置幼儿园都必须根据办学的性质和要求，通过财政拨款、自有资金和社会捐赠等合法途径，筹集到设立幼儿园及其他教育机构所必需的最低限额的经费。幼儿园举办者在审批时，提交拟办教育机构的财产及经费来源的证明文件。我国《教育法》《幼儿园管理条例》《民办教育促进法》等有关法律法规都对办学经费的拨付和要求有严格的规定。例如，《教育法》第54条规定："国家建立以财政拨款为主、其他多种渠道筹措教育经费为辅的体制，逐步增加对教育的投入，保证国家举办的学校教育经费的稳定来源。企业事业组织、社会团体及其他社会组织和个人依法举办的学校及其他教育机构，办学经费由举办者负责筹措，各级人民政府可以给予适当支持。"《幼儿园工作规程》第46条也规定："幼儿园的经费由举办者依法筹措，保障有必备的办园资金和稳定的经费来源。"

2. 幼儿园设立的程序

幼儿园的设立除了要求举办者具备设立幼儿园的基本条件外，还要求幼儿园举办者必须按照有关的规定履行申办幼儿园的相应程序。我国《教育法》第28条规定："学校及其他教育机构的设立、变更和终止，应当按照国家有关规定办理审核、批准、注册或者备案手续。"目前，我国对幼儿园的设立实行登记注册制度。《幼儿园管理条例》第11条规定："国家实行幼儿园登记注册制度，未经登记注册，任何单位和个人不得举办幼儿园。"在我国，城市幼儿园的举办、停办，由所在区、不设区的市的人民政府教育行政部门登记注册。农村幼儿园的举办、停办，由所在乡、镇人民政府登记注册，并报县人民政府教育行政部门备案。

登记注册是指行政主管部门对举办幼儿园的申请者提交的设立教育机构的报告进行审核，如果没有发现违背法律、法规规定的情形，拟办的教育机构符合设立条件和设置标准，就予以登记注册，使其取得合法地位，如幼儿园的设立就实行登记注册的制度。

三、幼儿园的权利

1. 按照章程自主管理

章程是指幼儿园为保证正常运行，对内部管理进行规范而制定的基本制度，是实行依法治园、提高幼儿园管理水平和效率的重要保证。幼儿园依法制定章程，确立其办学宗旨、管理体制及各项重大原则，制定具体的管理规章和发展规划，自主地做出管理决策，并建立、完善自己的管理系统，组织实施管理活动，这是建立现代幼儿园管理体制的重要前提。幼儿园章程的内容包括幼儿园的组织性质、办学宗旨、教学管理、教师聘任、创收分配、科研管理等制度。通过制定和执行本园章程和管理制度，贯彻教育政策法规。

《教育法》规定幼儿园享有这样的权利，是基于幼儿园作为法人在依法批准设立时，必须具有符合国家规定的组织章程。法人本身是一个组织机构，其运转活动必须有自身内部的管理章程，这是设立幼儿园及其他教育机构所必须具备的四个基本条件中的第一个。幼儿园一经依法设立，即意味着具备得以设立的全部条件，也就是说其章程得到确认，因此幼儿园按照被确认的章程，管理自身内部的活动即成为幼儿园及其他教育机构所行使的法定权利。

2. 组织实施教育教学活动

教育教学权是幼儿园的一项基本权利，幼儿园有权根据国家有关规定自主地确定或调整具体的教育教学计划，并组织实施。根据国家统一要求的教育教学质量标准，制定与安排符合本园实际的发展规划、教学进度、教学方法等，建立本园的一日生活常规，完成教育教学任务。

3. 招收学生

幼儿园有权在主管的教育行政部门批准许可限度内，自主确定招生办法、招生规模、招生范围，并择优录取。但幼儿园在行使招生权时也要注意，招收学生必须符合国家有关规定，其招生简章和广告内容必须真实、准确，严格按规定履行审核手续，不得制发虚假招生简章和广告。

4. 聘任教师及其他职工，实施奖励或处分

幼儿园可以根据幼儿园的人员编制与岗位安排的具体情况，制定具体的教师与其他教职工的聘任办法，并根据该办法对教职工实行聘任或解聘。同时，幼儿园根据教职工的工作表现与工作业绩，对教职工进行相应的考核，

对工作成绩优异的教职工进行奖励，对在工作中出现严重问题与过失的教职工进行一定的处分。

5. 管理、使用本单位的设施和经费

幼儿园对其占有的场地、教室、宿舍、教学设备等设施、办学经费以及其他有关财产，享有财产管理权和使用权，必要时可对其占用的财产进行处置或获得一定的收益。幼儿园行使此项权利，应遵守国家有关国有资产管理、教育经费投入及幼儿园财务活动的管理规定，符合国家和社会公共利益，有利于幼儿园发展和实现幼儿园的办学宗旨，有利于合理利用教育资源，不得妨碍幼儿园教育和管理活动的正常进行，不得侵害举办者、投资者等有关权利人的财产权利。

6. 拒绝任何组织和个人的非法干涉

所谓"非法干涉"，是指行为人违背法律、法规和有关规定，做出的不利于幼儿园教育教学活动的行为。这项权利是为了维护幼儿园正常教育教学秩序，抵御非法干涉而确立的一项重要权利。幼儿园对来自行政机关、企事业组织、社会团体、个人等任何方面的非法干涉教育教学活动的行为，有权拒绝和抵御。社会各类机构、组织和个人，如果越权干涉幼儿园正常的教育教学，幼儿园就有权予以拒绝。如果非法干涉严重影响了幼儿园的教育教学，幼儿园可以向教育行政部门或其他政府部门反映，甚至采取诉讼程序加以解决，以维护自己的正常教学。

7. 法律、法规规定的其他权利

这主要包括三个方面的含义：一是除了上面结合幼儿园工作特点所规定的权利之外，幼儿园还享有一般法人所享有的权利。二是上面所举的权利并不是详尽无遗的，有些权利可能没有列举，但也是幼儿园应该享有的权利。三是随着改革的深入发展，原法律、法规的含义可能发生变化，新法律、法规又赋予了新的权利，这时，幼儿园的权利也就有相应的变化。此项规定，

不仅是对幼儿园享有除前述几项权利外的其他合法权利的概括，也有利于将来制定和完善有关教育法律、法规，进一步完善幼儿园的权利。

四、幼儿园的义务

1. 遵纪守法义务

即遵守法律、法规。我国《宪法》第5条规定："一切国家机关和武装力量、各政党和各社会团体、各企业事业组织都必须遵守宪法和法律。一切违反宪法和法律的行为，必须予以追究。任何组织或者个人都不得有超越宪法和法律的特权。"幼儿园作为事业组织当然不能例外。幼儿园是培养人的社会组织，遵守法律、法规是其必须履行的基本义务。《教育法》要求幼儿园应当遵守法律、法规包括两层含义：首先，幼儿园在一般意义上的守法，不得违背法律、法规；其次，幼儿园也应当履行教育法律、法规、规章中对幼儿园要求的特殊义务。

2. 贯彻方针义务

即贯彻国家的教育方针，执行国家教育教学标准，保证教育教学质量。这项义务要求幼儿园在整个教育教学活动中，要坚持社会主义办学方向，贯彻《教育法》第5条确立的国家教育方针，从德、智、体、美等方面全面教育、培养学生。确立此项义务，有利于保证幼儿园教育的社会主义性质，促使幼儿园努力为社会主义现代化建设培养德、智、体全面发展的各类人才，使当前幼儿园教育注重提高国民素质，注重培养学前儿童的良好习惯，以全面促进他们今后的发展。

3. 维护权益义务

即维护受教育者和教职工的合法权益，具体说来，这项义务的内容包括两方面内容。一方面，幼儿园自身的行为不得侵犯受教育者、教师及其他职工的合法权益，如不得克扣、拖欠教职工工资，不得拒绝合乎入学标准的受教育者入学，尊重学生的受教育权，包括学籍权、学历学位证书权、上课权等；另一方面，当教育机构以外的其他社会组织和个人侵犯了本园学生、教师及其他职工合法权益时，幼儿园应当以合法方式，积极协助有关单位查处违法行为的当事人，维护其合法权益。

4. 知情保障义务

即以适当方式为在园儿童的监护人了解儿童的在园生活、学习及其他有关情况提供便利。这样做一方面有利于监护人参与教育活动，另一方面有利于对幼儿园和教师的工作进行监督。这项义务是幼儿园保障受教育者及其监护人知情权的体现，是加强幼儿园教育与家庭教育的联系和沟通的保障。幼儿园在保障受教育者及其监护人知情权时要采取适当的方式，即采用"家长接待""家长会议""家访"等合法的、正当的方式，保障家长及其他监护人的知情权。

5. 合理收费义务

即遵照国家有关规定收取费用并公开收费项目。这就要求幼儿园依据中央和地方各级政府及其有关部门的收费规定确定自己的收费标准，禁止收取物价部门核准以外的收费项目，同时应将收费项目和标准向社会公开。根据《规程》的有关规定：幼儿园收费按省、自治区、直辖市或地（市）级教育行政部门会同有关部门制定的收费项目、标准和办法执行。幼儿园不得以培养幼儿某种专项技能为由，另外收取费用；亦不得以幼儿表演为手段，进行以营利为目的的活动。省、自治区、直辖市或地（市）级教育行政部门应会同有关部门制定各类幼儿园经费管理办法。幼儿园的经费应按规定的使用范围合理开支，坚持专款专用，不得挪作他用。任何组织和个人举办幼儿园不得以营利为目的。举办者筹措的经费，应保证保育和教育的需要，有一定比例用于改善办园条件，并可提留一定比例的幼儿园基金。

6. 接受监督义务

即依法接受监督。这项义务是指幼儿园对各级权力机关、行政机关依法进行的检查、监督以及社会各界依法进行的监督，应当积极予以配合，不得拒绝，更不得妨碍检查、监督工作的正常进行。这是幼儿园作为行政管理相对人和独立法人应承担的法定义务。这个义务符合《教育法》第8条确立的"教育活动必须符合国家和社会公共利益"原则的基本要求，有利于促进幼儿园自觉地把教育和管理活动置于主管部门和社会的监督之下，全面贯彻国家的教育方针。这就是说，幼儿园可以按照法律规定享有办学自主权，但其自主权不是没有限制和没有监督的。主管的行政部门有权依法对幼儿园工作进行监督、检查、督导和审计，幼儿园不得无理阻挠和拒绝，而应为之提供方便，认真听取有关意见和建议；对于各方指出的问题与缺陷，幼儿园应认真改正。

第四章　教师相关法律问题

一、教师的资格

1. 教师资格的种类

教师是履行教育教学职责的专业人员，我国对教师职业实行资格制度。即只有具有教师资格的人才能够被教育教学机构聘任，担任教学工作。《教师法》第 10 条规定："国家实行教师资格制度。"教师资格制度是国家对教师实行的一种特定的职业许可制度，其法律依据主要有《教师法》《教师资格条例》以及《〈教师资格条例〉实施办法》。实行教师资格制度是因为教师同医生、律师、会计师一样，是一个专业性很强的职业。实行教师资格制度可以保证教师队伍的高素质，进而保障国家总体的教育质量。教师资格一经取得，即不受地域和时间的限制，在全国范围内被普遍认可，非依法律规定的情况和程序不得撤销。

根据有关规定，教师资格根据任教学校的等级不同而分为七大类，即幼儿园教师资格，小学教师资格，初级中学教师和初级职业学校文化课、专业课教师资格（以下统称初级中学教师资格），高级中学教师资格，中等专业学校、技工学校、职业高级中学文化课、专业课教师资格（以下统称中等职业学校教师资格），中等专业学校、技工学校、职业高级中学实习指导教师资格（以下统称中等职业学校实习指导教师资格），高等学校教师资格。另外，成人教育的教师资格，按照成人教育的层次，依照上述规定确定类别。

取得教师资格的公民，可以在本级及其以下等级的各类学校和其他教育机构担任教师；但是，取得中等职业学校实习指导教师资格的公民只能在中等专业学校、技工学校、职业高级中学或者初级职业学校担任实习指导教师。高级中学教师资格与中等职业学校教师资格通用。

2. 幼儿教师资格的要求

《教师法》第 10 条规定："国家实行教师资格制度。中国公民凡遵守宪法和法律，热爱教育事业，具有良好的思想品德，具备本法规定的学历或者国家教师资格考试合格，有教育教学能力，经认定合格的，可以取得教师资格。"根据《教师法》的以上规定以及其他的政策法规，要想获得幼儿教师资格必须具备以下条件：

①国籍要求。必须是中国公民，这是成为幼儿教师的先决条件。但值得注意的是，在学前教育实践当中，也有一些幼儿园聘请外籍教师，作为幼儿园的英语口语教师，幼儿园要聘任外籍教师时，必须在当地有关外事部门登记注册，并经当地教育行政部门批准后，才能聘任。

②思想道德要求。良好的政治思想水平和道德修养是取得教师资格的重要条件。

③业务要求。要具有教育教学能力，这是完成教育教学任务的必备条件。其具体要求有三项：第一，应具备承担教育教学工作所必需的基本素质和能力。具体测试办法和标准由省级教育行政部门制定。第二，普通话水平应当达到国家语言文字工作委员会颁布的《普通话水平测试等级标准》二级乙等以上标准。少数方言复杂地区的普通话水平应当达到三级甲等以上标准；使用汉语和当地民族语言教学的少数民族自治地区的普通话水平，由省级人民政府教育行政部门规定标准。第三，要具有良好的身体素质和心理素质，适应教育教学工作的需要，在教师资格认定机构指定的县级以上医院体检

合格。

④学历要求或资格考试要求。要达到规定的学历标准或通过教师资格考试。具体的学历标准，根据《教师法》第11条第1款的规定："取得幼儿园教师资格，应当具备幼儿师范学校毕业及其以上学历。"

不具备《教师法》规定的幼儿教师资格学历的公民，申请获取教师资格，必须通过国家教师资格考试。教师资格考试的科目、标准和考试大纲由国务院教育行政部门审定。幼儿教师资格考试的考卷编制、考务工作和考试成绩证明的发放，由县级以上人民政府教育行政部门组织实施，每年进行一次。

另外，《教师法》等法律法规当中还规定了一些不能取得教师资格的情况，其主要有以下两种：

一是刑事犯罪。《教师法》第14条规定："受到剥夺政治权利或者故意犯罪受到有期徒刑以上刑事处罚的，不能取得教师资格；已经取得教师资格的，丧失教师资格。"其中规定了两种情况：一种是因犯罪被剥夺政治权利的情况。按照我国《刑法》的有关规定，犯罪嫌疑人在被判处死刑或无期徒刑时应并处剥夺政治权利，另外对于故意杀人、强奸、放火、爆炸、投毒、抢劫等严重破坏社会秩序的犯罪分子，可以附加剥夺政治权利。另一种是因为故意刑事犯罪被判处有期徒刑以上刑罚的。需要注意的是，这里规定的犯罪必须是故意犯罪，对于过失犯罪不包括在内；另外被判处的刑罚必须是有期徒刑以上的，如果当事人仅仅被判处管制或拘役的话，依然可以申请教师资格。

二是传染性疾病和精神病。因为教师的工作要和众多的学生在一起活动，所以申请教师资格者不能具有传染性疾病，如果其传染病已经痊愈，则可以申请。但精神病不同，因为精神疾病的复发率很大，所以申请教师资格的人不仅现在不能有精神疾病，而且不能有过精神疾病史。

3. 幼儿园教师资格的认定

幼儿园教师资格，由申请人户籍所在地或者申请人任教学校所在地的县级人民政府教育行政部门认定。认定教师资格，应当由本人提出申请。教育行政部门和受委托的高等学校每年春季、秋季各受理一次教师资格认定申请。具体受理期限由教育行政部门或者受委托的高等学校规定，并以适当形式公布。申请人应当在规定的受理期限内提出申请。

幼儿园教师资格的申请人如果是往届师范类毕业生：需要准备以下材料：

①本人身份证原件和复印件。

②师范教育类专业毕业证书原件和复印件。

③"申请人思想品德鉴定表"（在职人员由其所在单位提供，非在职人员由其户籍所在乡（镇）政府或街道办事处提供）。

④本人填写"教师资格认定申请表"。

⑤由教师资格认定机构指定的县级以上医院出具的体格检查合格证明。体验项目由省级人民政府教育行政部门规定，其中必须包含"传染病""精神病史"项目，申请幼儿园教师资格的，参照"中等师范学校招生体检标准"的有关规定执行。

⑥普通话水平测试等级证书原件和复印件。

幼儿园教师资格的申请人如果是应届师范生，可以在其毕业前的最后一个学期，向就读或拟任教学校所在地教师资格认定机构提出认定教师资格申请，申请时以学业成绩单代替学历证书，思想品德鉴定表由在读学校提供。其余要求与往届生相同。

幼儿教师资格的申请人如果是非师范类毕业生：其需要准备的材料与师范类应届、往届毕业生基本相同。只是在初审合格后，需要提供教育学、心理学考试成绩证明，并参加由教师资格专家审查委员会组织的教育教学基本素质和能力考察。教师资格认定机构应当组织成立教师资格专家审查委员会，教师资格专家审查委员会根据需要成立若干小组，按照省级教育行政部门制定的测试办法和标准组织面试、试讲，对申请人的教育教学能力进行考察，提出审查意见，报教师资格认定机构。如果符合条件，教师资格认定机构将在相应的受理期限内通知认定结果。

上述材料经教师资格认定机构审查合格后，方可领取教师资格证书。

4. 幼儿园教师资格的撤销

有下列情形之一的，由县级以上人民政府教育行政部门撤销其教师资格：一是弄虚作假、骗取教师资格的；二是品行不良、侮辱学生，影响恶劣的。被撤销教师资格的，自撤销之日起 5 年内不得重新申请认定教师资格，其教师资格证书由县级以上人民政府教育行政部门收缴。

另外，根据《教师法》第 14 条的有关规定，受到剥夺政治权利或者故意犯罪受到有期徒刑以上刑事处罚的幼儿教师，丧失教师资格，并不能重新取得教师资格，其教师资格证书由县级以上人民政府教育行政部门收缴。

二、教师的职务

1. 教师职务制度的含义

《教师法》第 16 条规定："国家实行教师职务制度，具体办法由国务院规定。"教师职务是根据学校教学、科研等实际工作需要设置的，有明确职责、任职条件和任期，并具备专门的业务知识和相应的学术技术水平才能担负的专业技术工作岗位。如高等学校的教授、副教授、讲师、助教，中小学的高级教师、一级教师、二级教师、三级教师等。教师职务制度则是指国家对教师岗位设置及各级岗位任职条件和取得该岗位职务的程序等方面的有关规定的总称。

教师职务的具体内涵可以理解为：

①教师职务依附于岗位设立，一旦离开岗位，职务就不能够单独存在。

②职务不是终生享有的，教师职务与工资待遇直接挂钩，并有数额限制。教师完不成工作任务，达不到任职要求或不能履行职务职责，就要被解聘、低聘或缓聘职务。

③教师任职条件的考核，要结合教师的思想政治表现、发展潜力与教师学术水平、工作能力和工作业绩等因素进行综合评估考核。

④职务随岗位消失而停止。教师退休，职务相应解除。①

2. 幼儿园教师职务的系列与等级

我国教师职务系列主要包括：高等学校教师职务、中等专业学校教师职务、中学教师职务、小学教师职务系列等五个方面。每个系列又分若干职务。高等学校教师职务设助教、讲师、副教授、教授，中等专业学校设教员、助教、讲师、高级讲师，普通中小学设三级教师、二级教师、一级教师、高级教师。其中，中学三级和二级教师与小学一级教师为初级职务，中学一级和小学高级教师为中级职务，中学高级教师为高级职务。中等专业学校、职业学校文化、技术理论课教师职务设教员、助理讲师、讲师和高级讲师，生产实习课教师职务设三级实习指导教师、二级实习指导教师、一级实习指导教师、高级实习指导教师。各级成人学校结合成人教育的特点和层次，分别执行普通高等学校、中专、中小学、技术学校教师职务试行条例。

我国目前尚无统一的幼儿园教师职务系列，根据《小学教师职务试行条例》的有关规定，幼儿园教师的职务系列与等级，适用《小学教师职务试行条例》。也就是说，幼儿园教师的职务应当按照小学教师的职务系列与等级进行评定。我国小学教师设有小学三级教师、小学二级教师、小学一级教师、小学高级教师。另外，在有些省市专门出台了地方性的《幼儿园教师职务实施办法》，专门规定了幼儿园教师职务，并将幼儿园教师职务设为幼儿园高级教师、幼儿园一级教师、幼儿园二级教师、幼儿园三级教师等等级。其中，幼儿园高级教师相当于小学高级教师，幼儿园一级教师相当于小学一级教师，幼儿园二级和三级教师相当于小学二级和三级教师。

① 杨颖秀. 教育法学［M］. 北京：中央广播电视大学出版社，2004：157.

3. 幼儿园教师任职条件

教师任职条件是指受聘教师职务应达到的国家有关法律法规规定的各级各类教师应具备的标准。幼儿园教师任职条件一般包括以下几个方面：①具备幼儿园教师相应的教师资格；②遵守宪法和法律，具有良好的思想政治素质和职业道德，为人师表；③具备相应的教育教学水平和学术水平，具有教育科学理论的基础知识，能全面熟练地履行现任的职务职责；④在做好本职工作的前提下，结合工作需要，努力进修，不断提高自身的教育教学和学术研究水平；⑤具备学历、学位要求；⑥身体健康，能正常工作。

另外，不同等级的幼儿教师职务任职条件应当参照《小学教师职务试行条例》，以及当地《幼儿园教师职务实施办法》等有关规定而有所区别。

例如，在《小学教师职务试行条例》中，小学高级教师任职条件是：小学一级教师任教五年以上，或者高等师范学校及其他高等学校本科毕业生见习一年期满，经考核，表明能履行高级教师职责并具备下列条件：

①对所教学科具有比较扎实的文化专业知识，教学经验比较丰富，并能结合教学开展课外活动，教学效果显著。

②掌握小学教育的比较扎实的理论，善于根据小学生的年龄特征和思想实际，对学生进行思想品德教育，教育效果显著。

③具有指导教学研究的能力，并承担一定的教学研究任务，或者指导小学一、二、三级教师的教育教学工作，并在培养提高教师文化业务水平和教育教学能力方面做出成绩。

再如，《上海市幼儿园教师职务实施办法（试行）》中规定，幼儿园高级教师任职条件是：幼儿园一级教师任教五年以上，或高等师范学校及其他高等学校本科毕业生见习一年期满，经考核，表明能履行幼儿园高级教师职责，并具备下列条件：

①具有比较扎实的幼儿教育工作的文化科学知识和教育专业理论知识，

能熟练地运用这些知识指导教育工作。

②掌握德、智、体、美全面发展教育在幼儿阶段的要求，熟知各年龄班幼儿身心发展特点和教育要求，创造性地进行教育工作。

③有较丰富的教育工作经验，能使班里幼儿身心发展水平有明显的提高，教育效果显著，并善于指导家长对孩子的教育。

④具有指导教育研究的能力，有明确的教育研究课题，其研究成果或经验总结在所在学区或辅导区以上范围内交流，评价较好。或能通过各种形式对一、二、三级教师的教育工作起实际的指导作用，经其有目标有计划培养的教师，业务水平和教育能力多数有较大的提高。

4. 幼儿园教师职务的评审

各级各类教师职务的获得一般由同行专家组成的教师职务评审组织或教授评审团根据现行各教师职务试行条例规定的任职条件来评定，其评审的程序、权限以及评审组织的组成办法等，分别由各教师职务试行条例做出明确的规定。

根据《小学教师职务试行条例》的有关规定，评审教师职务时，应由本人提供政治思想、教育教学工作总结和履行职责情况，填写"教师职务评审申报表"，经过相应的评审组织评审后，报主管部门审核。其中小学高级教师的任职条件，由地级评审委员会审定；小学一、二、三级教师的任职条件，由县级评审委员会审定。

三、教师的聘任

1. 教师聘任的含义

《教师法》第 17 条规定："学校和其他教育机构应当逐步实行教师聘任制。教师的聘任应当遵循双方地位平等的原则，由学校和教师签订聘任合同，明确规定双方的权利、义务和责任。实施教师聘任制的步骤、办法由国务院教育行政部门规定。"教师聘任制度是指学校和教师双方在平等自愿的基础上以签订聘任合同的方式确认教师受聘的职务及双方权利和义务关系的教师任用制度。

与其他劳动合同一样，教师聘任合同是教师在平等、自愿的基础上与学校签订的劳动关系合同，因此具有民事契约的性质。但与一般劳动合同不同的是，公立学校的教师聘任合同往往与人事关系、单位编制等行政事务联系紧密，而且学校的聘任合同往往要经过教育行政部门的审核，所以教师聘任合同又具有一些行政合同的特点。

2. 教师聘任的程序

（1）招聘

招聘是指学校通过各种途径公开选拔学校教育教学所需教师并与之签订聘任合同的过程。招聘应当具有公开、公正、自愿、平等等特点。

学校与受聘人签订的聘任合同应当具备以下一些具体的条款：聘任合同期限，工作内容，劳动保护和劳动条件，劳动报酬，劳动纪律，聘任合同终止的条件，违反聘任合同的责任。学校与新任教师的聘任合同可以约定试用期，但试用期不得超过 6 个月。这主要是因为在试用期内，学校随时可以解除聘任合同，因此为了保护教师的权益，法律规定了试用期的最长期限。

教师在与学校签订聘任合同时应仔细审查合同文本，以免自己的合法权益受到侵害。

（2）续聘

续聘是指教师的聘期届满后，教师与学校继续签订聘任合同。值得注意的是，如果教师在同一学校连续工作满十年以上，当事人双方同意续延聘任合同的，如果教师提出订立无固定期限的聘任合同，应当订立无固定期限的聘任合同。

（3）解聘

解聘是指学校单方面解除聘任合同的行为。一般情况下，学校不得单方面解除与教师的聘任合同。但在教师严重违反学校纪律或因严重失职给学校造成重大损失等特定情况下，学校是可以单方解除聘任合同的。

但在下列情况下，学校不得单方面解除与教师的聘任合同：患职业病或者因工负伤并被确认丧失或者部分丧失劳动能力的；患病或者负伤，在规定的医疗期内的；女教师在孕期、产期、哺乳期内的。

（4）辞聘

辞聘是指教师单方面解除与学校的聘任合同。在学校未按照聘任合同约定支付劳动报酬或者提供劳动条件时，教师随时可以解除和学校的聘任合同。在其他情况下教师如果单方辞聘，需要提前 30 天通知学校。

3. 教师聘任的争议

对于私立幼儿园来说，教师聘任当中的争议一般可以通过仲裁和司法程序，按照《中华人民共和国劳动法》（以下简称《劳动法》）《劳动合同法》等法律的有关规定予以解决。但长期以来，公立学校教师的聘任问题一直得不到司法保护，处于弱势的教师只能通过申诉等途径解决聘任中的争议。2003 年，最高人民法院颁布的《最高人民法院关于人民法院审理事业单位人事争议案件若干问题的规定》明确规定，事业单位与其工作人员之间因辞职、辞退及履行聘用合同所发生的争议，适用《劳动法》的规定处理。从此，教师聘任争议被纳入了《劳动法》的保护范围，解决了长期以来教师聘任争议无法可依，无门诉讼的问题。

按照有关规定，教师与学校间的聘任合同争议可以首先提交当地人事仲裁部门仲裁。如果对仲裁结果不服，自收到仲裁裁决之日起十五日内向人民法院提起诉讼的，人民法院应当依法受理。一方当事人在法定期间内不起诉又不履行仲裁裁决，另一方当事人向人民法院申请执行的，人民法院应当依法执行。

四、幼儿园教师的权利

幼儿园教师的权利可以分为两种：一种是幼儿园教师作为一名公民依法应当享有的基本权利；另一种是幼儿园教师作为一名教师依法享有的专有权利。

1. 公民基本权利

幼儿园教师作为一名中华人民共和国公民，首先具有宪法和各种其他法律规定的公民享有的各种权利。这些权利主要有：

（1）平等权

任何公民在法律面前人人平等，任何组织和个人都不得有超越宪法和法律的特权。

（2）政治权利

公民的政治权利包括选举权和被选举权、言论自由权、出版自由权、集会自由权、结社自由权、游行示威自由权等。公民政治权利的范围和实现程度，体现着一个国家的民主和法治状况。

（3）宗教信仰自由权

公民有信教的自由，也有不信教的自由；有信这种宗教的自由，也有信那种宗教的自由；同一宗教中有信仰这一教派的自由，也有信仰那一教派的自由；有过去信教现在不信教的自由，也有过去不信教现在信教的自由。

（4）人身自由权

人身权包括人格权和身份权两个方面。其中人格权是指公民基于其法律人格而享有的、以人格利益为客体，为维护其独立人格所必需的权利，如生命健康权、姓名权、肖像权、名誉权、婚姻自主权等。而身份权是指公民基于特定身份而享有的，以身份利益为客体的权利，如配偶权、亲权、荣誉权等。

（5）财产权

财产权是指权利人直接支配财产而排除他人妨碍的权利，财产权又分为所有权、用益物权和担保物权。其中所有权是指所有人在法律规定的范围内，对自己的财产以占有、使用、收益和处分等方式进行全面支配，并排除他人干涉的权利。用益物权是指以一定范围内的使用、收益为目的而在他人之物上设立的定限物权，即权利人本不拥有特定财产的所有权，但依照法律的规定可以对该财产行使使用和收益的权利，如国有土地使用权。担保物权是以确保特定债权的实现为目的、以支配和取得特定财产的交换价值为内容的定限物权，如抵押权、质权、留置权等。

（6）社会经济权利

该项权利主要包括劳动权、休息权、物质帮助权、退休人员生活保障权等方面的社会经济权利。

（7）文化教育权

公民的受教育权和进行科研、文学艺术创作和其他文化活动的权利。

（8）监督权

公民对于任何国家机关和国家工作人员，有提出批评和建议的权利；对于任何国家机关和国家工作人员的违法失职行为，有向有关国家机关提出申诉、控告或者检举的权利，但是不得捏造或者歪曲事实进行诬告陷害。对于公民的申诉、控告或者检举，有关国家机关必须查清事实，负责处理。任何人不得压制和打击报复。

2. 教师专有权利

（1）教育教学权

《教师法》第 7 条第 1 款规定：教师享有"进行教育教学活动，开展教育教学改革和实验"的权利。这是教师最基本的、首要的专有权利。教师作为培育未来社会建设者的园丁，既要传授学生知识，更要塑造学生人格，从而使学生成为真正的"人"。

教师的教育教学权主要包括以下一些具体内容：教师可以在教育行政部门和学校允许的范围内选择教材；可以依据其所在幼儿园的教学计划、教学工作量等具体要求，结合自身教学特点自主地组织课堂教学；按照教学大纲的要求确定其教学内容和进度，并不断完善教学内容；针对不同的教育教学对象，在教育教学的形式、方法、具体内容等方面进行改革、实验和完善。

幼儿园教师在行使教育教学权时需要注意，权利的行使一定要在有关的规章制度范围内进行。例如，幼儿园教师在选择教材时虽然拥有一定的自主权，但是其选择的教材一定要经过有关部门审定，并且符合所在地区教育行政部门和所在学校的有关要求。又如，幼儿园教师在进行教育教学改革时，其内容和过程不得损害未成年人的身心健康。

（2）学术自由权

《教师法》第7条第2款规定：教师享有"从事科学研究、学术交流，参加专业的学术团体，在学术活动中充分发表意见"的权利。陈寅恪先生曾言："没有自由思想，没有独立精神，即不能发扬真理，即不能研究学问……一切都是小事，唯此是大事。"担负着传道、授业、解惑任务的教师，绝对不是一个教书的机器，他的价值正在于其对真理的追求，并在追求真理的过程中传授知识。因此，教师没有了学术自由，便失去了园丁的灵魂，其教学也必然缺乏创新精神、进取精神，其学生也必然犹如大工业生产中批量生产的产品。由此可见学术自由对于一名教师的专业多么重要。

学术自由是指教师进行科学研究、技术开发、撰写论文、著书立说、学术交流、参加学术团体、发表学术意见的自由。教师进行学术研究的内容涉及教育理念、教学方法、课程标准、教材内容、考试测评等教育教学的方方面面。从时间上看，学术研究应当是在教师的教育教学之外进行的，但其研究内容却是与教育教学紧密相关的。

（3）指导评价权

《教师法》第 7 条第 3 款规定：教师享有"指导学生的学习和发展，评定学生的品行和学业成绩"的权利。管理学生权体现了教师在教育教学活动中的主导地位。具体来讲，幼儿园教师的指导评价权主要包括以下几个方面：教师有对学生因材施教，针对学生的特长、爱好等方面的发展给予指导的权利；教师有对学生的品行和学业成绩给予及时、客观、公正评价的权利；教师有运用正确的教育思想和教学手段使学生的个性和能力得到充分发展的权利。幼儿园教师的这一权利作为专门的职业权利受到法律保护，任何组织或个人不得以非法手段干预教师这项权利的行使。

（4）报酬待遇权

《教师法》第 7 条第 4 款规定：教师享有"按时获取工资报酬，享受国家规定的福利待遇以及寒暑假期的带薪休假"的权利。教师的报酬和待遇是教师聘任合同中的一项重要内容，是教师在聘任合同中的主要权利。教师的报酬待遇主要包括工资、保险和福利待遇三项构成。学校必须按照聘任合同的有关规定按时、足额地给付教师工资。《教师法》第 25 条规定："教师的平均工资水平应当不低于或者高于国家公务员的平均工资水平，并逐步提高。建立正常晋级增薪制度，具体办法由国务院规定。"另外，学校必须按照国家的有关规定为教职工交纳"三险一金"的有关经费，学校和社会也必须按照《教师法》的有关规定为教师解决医疗、住房、退休等福利待遇问题。按照上述法条的规定，教师在寒暑假的假期还具有带薪休假的特殊权利。

《教师法》具体规定了教师住房、医疗等方面的一些福利待遇。例如，"地方各级人民政府和国务院有关部门，对城市教师住房的建设、租赁、出售实行优先、优惠。县、乡两级人民政府应当为农村中小学教师解决住房提供方便"。"教师的医疗同当地国家公务员享受同等的待遇；定期对教师进行身体健康检查，并因地制宜安排教师进行休养。医疗机构应当对当地教师的医疗提供方便。"

在当前学前教育发展的进程当中，学前教师的待遇问题开始引起人们的关注。要发展学前教育，离不开一支优秀的学前教师队伍。而一支优秀的学前教师队伍又是以良好的报酬待遇为基础的。

（5）民主管理权

《教师法》第7条第5款规定：教师享有"对学校教育教学、管理工作和教育行政部门的工作提出意见和建议，通过教职工代表大会或者其他形式，参与学校的民主管理"的权利。民主管理是提高一所学校管理水平和教育教学水平的重要手段。而且，人们也难以想象在一所专制管理的学校中如何能培养出富有民主精神和民主意识的学生来。学校的民主氛围，对学生民主观念的培养往往起着潜移默化的作用。

教师参与民主管理的方式主要是通过教职工代表大会，教师有权通过教职工大会或教职工代表大会对幼儿园的管理、发展，以及教职工的切身利益问题发表自己的意见，并以表决的方式决定幼儿园的重大事项，进行民主监督，选举幼儿园领导。但在当前，如何使幼儿园的工会摆脱幼儿园行政附庸的形象，强化其权威性是值得大家思考和关注的。

（6）培训进修权

《教师法》第7条第6款规定：教师享有"参加进修或者其他方式的培训"的权利。在当前知识爆炸的时代，知识的更新速度是飞快的。一名教师不及时地更新自己的知识结构和知识内容，就跟不上时代发展的脚步。因此，参加培训进修既是教师的权利，也是教师必须履行的一项义务。教育行政部门和学校应当采取各种形式，多渠道保证教师培训进修权的实现，为教师的培训进修创造便利。

五、幼儿园教师的义务

同权利一样，幼儿园教师的义务也分为两种。一种是幼儿园教师作为一名普通公民应当履行的义务，另一种是幼儿园教师作为一名教师应当履行的义务。

1. 公民普通义务

教师作为一名普通的公民，首先要履行我国《宪法》和其他法律要求的义务，不得享有任何特权。我国《宪法》和有关法律规定公民的主要义务有以下一些：

①维护祖国统一和民族团结。

②遵守宪法和法律，保守国家秘密，爱护公共财产，遵守劳动纪律，遵守公共秩序，尊重社会公德。

③维护国家安全、荣誉和利益。

④保护祖国，依法服兵役和参加民兵组织。

⑤依法纳税。

⑥其他义务：夫妻双方有实行计划生育的义务；父母有抚养教育未成年子女的义务，成年子女有赡养扶助父母的义务；劳动的义务和受教育的义务。

2. 教师专有义务

根据《教师法》第8条规定，教师的专有义务主要有以下几项：

①遵守宪法、法律和职业道德，为人师表；

②贯彻国家的教育方针，遵守规章制度，执行学校的教学计划，履行教师聘约，完成教育教学工作任务；

③对学生进行宪法所确定的基本原则的教育和爱国主义、民族团结的教育，法制教育以及思想品德、文化、科学技术教育，组织、带领学生开展有益的社会活动；

④关心、爱护全体学生，尊重学生人格，促进学生在品德、智力、体质等方面全面发展；

⑤制止有害于学生的行为或者其他侵犯学生合法权益的行为，批评和抵制有害于学生健康成长的现象；

⑥不断提高思想政治觉悟和教育教学业务水平。

教师的专有义务主要涉及各种教育教学活动，它以教育、保护、管理学生，促进学生的健康发展、维护国家的统一和民族团结为主要目的。

3. 十项准则

2018 年 11 月，教育部公布了《新时代幼儿园教师职业行为十项准则》，对学前教师的职业行为做出了具体的规定。十项准则的具体内容如下：

一、坚定政治方向。坚持以习近平新时代中国特色社会主义思想为指导，拥护中国共产党的领导，贯彻党的教育方针；不得在保教活动中及其他场合有损害党中央权威和违背党的路线方针政策的言行。

二、自觉爱国守法。忠于祖国，忠于人民，恪守宪法原则，遵守法律法规，依法履行教师职责；不得损害国家利益、社会公共利益，或违背社会公序良俗。

三、传播优秀文化。带头践行社会主义核心价值观，弘扬真善美，传递正能量；不得通过保教活动、论坛、讲座、信息网络及其他渠道发表、转发错误观点，或编造散布虚假信息、不良信息。

四、潜心培幼育人。落实立德树人根本任务，爱岗敬业，细致耐心；不得在工作期间玩忽职守、消极怠工，或空岗、未经批准找人替班，不得利用职务之便兼职兼薪。

五、加强安全防范。增强安全意识，加强安全教育，保护幼儿安全，防范事故风险；不得在保教活动中遇突发事件、面临危险时，不顾幼儿安危，擅离职守，自行逃离。

六、关心爱护幼儿。呵护幼儿健康，保障快乐成长；不得体罚和变相体罚幼儿，不得歧视、侮辱幼儿，严禁猥亵、虐待、伤害幼儿。

七、遵循幼教规律。循序渐进，寓教于乐；不得采用学校教育方式提前教授小学内容，不得组织有碍幼儿身心健康的活动。

八、秉持公平诚信。坚持原则，处事公道，光明磊落，为人正直；不得在入园招生、绩效考核、岗位聘用、职称评聘、评优评奖等工作中徇私舞弊、弄虚作假。

九、坚守廉洁自律。严于律己，清廉从教；不得索要、收受幼儿家长财物或参加由家长付费的宴请、旅游、娱乐休闲等活动，不得推销幼儿读物、社会保险或利用家长资源谋取私利。

十、规范保教行为。尊重幼儿权益，抵制不良风气；不得组织幼儿参加以营利为目的的表演、竞赛等活动，或泄露幼儿与家长的信息。

六、幼儿园教师常见违法行为

1. 体罚儿童

《未成年人保护法》第21条规定："学校、幼儿园、托儿所的教职员工应当尊重未成年人的人格尊严，不得对未成年人实施体罚、变相体罚或者其他侮辱人格尊严的行为。"虽然各级教育行政部门近年来一直在强调禁止体罚，但体罚现象依然较多地存在于学前教育的教育教学的实践当中。体罚行为既包括教师殴打儿童、命令学生互相殴打等直接的体罚，还包括罚孩子不准吃饭等变相的体罚行为。《教育法》《教师法》《未成年人保护法》等多部法律都规定教师不能体罚儿童，假如教师体罚行为给儿童造成的伤害达到一定程度时，教师甚至有可能因为故意伤害罪等罪名承担刑事责任。

受我国传统教学观念的影响，许多教师认为体罚是行之有效的教育手段，对付一些屡教不改的孩子只有体罚才能奏效。这种认识将教育的过程简单化，因为教育是对一个人身心陶冶的过程，体罚对于一个孩子来说大多只能在其心底留下伤痕。更为严重的是，这种做法容易使得孩子今后也以暴制暴，这种观念恰恰还是独裁和专政的思想根基。在社会主义民主的建设进程中，学前教育如何在教师和学生之间建立起一种和谐、平等的师生关系是值得学前教育工作者研究的。

体罚行为直接侵犯了学生的人格权，对学生的身体和心理造成伤害，是包括《民法通则》《教育法》《教师法》《未成年人保护法》等法律所禁止的行为。

教师实施体罚行为，根据其不同的情节，分别构成了以下几种不同的法律责任：

对于情节轻微者，由学校对相关的教师进行批评教育或进行行政处分；对体罚学生的行为构成犯罪的，要依法追究责任人的刑事责任，在体罚现象中，教师容易触犯的罪名是过失致人重伤罪、过失致人死亡罪和侮辱罪；体罚学生，造成学生人身损害的，承担赔偿责任。在以上三种责任中，行政责任和刑事责任都由教师本人承担，但民事责任则由学校承担，因为体罚是典型的学校工作人员职务侵权行为。

在幼儿园杜绝体罚行为并不意味着不能对犯错的儿童进行惩戒。在幼儿园的教育教学当中，不可避免地会出现儿童违纪的情况，对于这种情况，幼儿园的管理者和教师自然不会无动于衷。就如同给树木修剪枝条一样，经过修剪的树木茁壮成长，而不经修剪的会长歪、长斜、果实不茂，甚至倾倒。没有惩戒，学校就难以保障正常的课堂秩序；没有惩戒，就难以矫正部分孩子的恶习。孙云晓先生就曾指出："没有惩罚的教育是不完整的教育，没有惩罚的教育是一种虚弱的教育、脆弱的教育、不负责的教育。"学龄前儿童正处在身心的发展过程中，此时，他们对是与非、对与错常常没有正确的理解，而且自制能力也较差，所以此时教师有责任对学生的不良行为进行批评和惩戒。这也会使学生明白，遵守规则是一个人在社会中生存必备的品质。

但经常令教师困惑的是体罚与合理惩戒的区别。我国传统的教育以严格著称，可谓严师出高徒。所以许多不合法的体罚方式也常常出现在我们的日常教学当中。教师惩戒权是教师依法对学生的不合范行为施予否定性的制裁，避免其再次发生，以促进其合范行为的产生和巩固的一种教育权。而体罚属于一种造成学生肉体和精神痛苦的侵权行为。其区别关键在于对学生处罚的内容、方式、数量的不同，即惩戒一定要以合法的手段进行。

需要特别注意的是，除了对儿童肉体施加痛苦的直接体罚外，还有变相体罚，即通过非法的方式对儿童的精神施加痛苦，使儿童的精神受到伤害的教育方式。

幼儿园教师对学生只有惩戒权，没有体罚权。体罚和变相体罚是一种侵犯儿童合法权益的违法行为。所以，幼儿园教师在日常的工作当中，应当加强自己的法制意识，不得利用体罚或者变相体罚对违纪的孩子进行管理和教育。

2. 侵犯财产权

财产权，是指以财产利益为内容，直接体现财产利益的民事权利。财产权是可以以金钱计算价值的，一般具有可让与性，受到侵害时需以财产方式予以救济。财产权既包括物权、债权、继承权，也包括知识产权中的财产权利。侵犯儿童财产权的行为主要表现为：侵占儿童财产、损坏儿童财产、遗失儿童财产等。例如，幼儿园一般都禁止孩子将无关的物品带到幼儿园。假如有孩子携带这些物品入园，幼儿园教师按规定一般都会对其进行没收。值得注意的是，这里的没收并不是真正法律意义上的没收，而是暂时保管。这些物品没收后应在合理的时间内返还给学生或学生家长，否则就有侵犯孩子财产权的嫌疑。

3. 限制人身自由

人身自由是指公民人身不受侵犯的权利，又称身体自由，是公民最基本的权利之一。狭义的人身自由仅指公民的身体自由不受侵犯，即公民享有不受非法限制、监禁、逮捕或羁押的权利。在幼儿园中，因为在园儿童是无民事行为能力人，所以他们的行动必须要受到教师的指导和管理。但是，如果采取非法的手段限制在园儿童的行动自由，就属于限制人身自由的行为。在幼儿园的工作时间当中，最常见的限制儿童人身自由的情况就是将孩子关在厕所等地方。

4. 侵犯隐私权

隐私权是指自然人所享有的对自己的个人秘密和个人私生活进行支配并排除他人干涉的一种权利，主要包括个人信息保密权、个人生活安宁权、个人通信秘密权、个人隐私利用权。隐私权作为一项重要的民事权利，既为成年人所享有，也为未成年人所享有。以下这些行为都属于侵犯未成年人的隐私权：采用暴力、胁迫、引诱等方式要求未成年人说出内心并不愿意被他人知道的秘密，私自检查未成年人的私人物品以窥探未成年人的秘密，对未成年人只说给父母的秘密向外宣扬，等等。其实，隐私权作为人身权之一，是与生俱来的，并不会因为年龄小而打折扣，未成年人也有隐私权，这是毋庸置疑的。侵犯未成年人隐私权，既是违法行为，也不利于未成年人身心健康，所以，大家都应该毫无条件地树立尊重儿童人格权益的先进观念，营造尊重儿童合法权益的浓厚氛围。另外，我国《未成年人保护法》第39条明确规定："任何组织或者个人不得披露未成年人的个人隐私。"

教师要注意保护孩子的隐私，对于在教育教学过程中了解到的学生个人和家庭的隐私要注意保密，如学生父母离异、学生系收养等情况不能对外声张。对于一般学生的家庭住址、父母单位、联系电话等也不能透露给无关的人员，更不能因为经济利益而透露给商家。

5. 性侵害

教师性侵害是指教师或其他教育工作者在教育教学过程中，利用自己的特定身份对女性学生进行强奸、猥亵或者对男性学生进行猥亵的行为。教师的性侵害犯罪是目前比较常见的一种犯罪类型，也是教师犯罪中最主要的一种类型。近些年教师性侵害犯罪的报道也是层出不穷，屡屡见诸报端，一幕幕未成年女生被侵害的悲剧频频发生。在互联网上只要输入相应的关键词，有关教师性侵害犯罪的案例可以说是举不胜举。例如，沈阳市某小学教师程某某在课堂上强奸猥亵 6 名女生长达两年之久、酒泉市某小学教师任某某先后奸淫猥亵小学生 13 人、通化市某小学教师栗某多次强奸猥亵 19 名女学生、泸州纳溪某小学教师刘某某公然数次奸淫多名小学一年级学生、云南文山一代课老师杨某某猥亵 5 名初中女学生……为此，教育部、公安部、司法部曾经在 2003 年联合发出通报，要求各地有关部门坚决依法打击教师队伍中的性犯罪分子。在幼儿园的教育教学实践当中，也发生了一些对儿童进行性侵害的案件，值得我们从中吸取教训。

按照《中华人民共和国刑法》（以下简称《刑法》）的有关规定，教师性侵害行为有可能构成以下几种犯罪：

（1）强奸罪

《刑法》第 236 条第 1 款规定："以暴力、胁迫或者其他手段强奸妇女的，处三年以上十年以下有期徒刑。"《刑法》第 236 条第 2 款规定："奸淫不满十四周岁的幼女的，以强奸论，从重处罚。"

《刑法》第 236 条第 3 款规定："强奸妇女、奸淫幼女，有下列情形之一的，处十年以上有期徒刑、无期徒刑或者死刑：（一）强奸妇女、奸淫幼女情节恶劣的；（二）强奸妇女、奸淫幼女多人的；（三）在公共场所当众强奸妇女的；（四）二人以上轮奸的；（五）致使被害人重伤、死亡或者造成其他严重后果的。"

（2）猥亵儿童罪

《刑法》第 237 条第 1 款规定："以暴力、胁迫或者其他方法强制猥亵妇女或者侮辱妇女的，处五年以下有期徒刑或者拘役。"《刑法》第 237 条第 2 款规定了强制猥亵、侮辱妇女罪的加重情节："聚众或者在公共场所当众犯前款罪的，处五年以上有期徒刑。"《刑法》第 237 条第 3 款规定："猥亵儿童的，依照前两款的规定从重处罚。"

6. 不作为或过失

不作为是指教师不实施其依照法律或岗位职责有义务实施的行为。例如，教师对学生的危险行为有告诫和制止的义务；教师对于外界对学生的侵害行为也应当进行阻止。假如因为教师没有尽到以上职责而造成学生权益受到侵害时，教师也往往难辞其咎。例如，有的教师在上课时发现孩子们有打闹行为而没有及时制止，致使一儿童在打闹中不慎将对方眼睛扎伤的事故。在这起事故中，教师就因为自己的不作为而存在过错。

过失是指疏忽大意或过于自信造成的错误。疏忽大意是指教师本应意识到自己的行为会产生危害后果，但因为疏忽大意而没有预见到以致危害后果发生。过于自信是指教师已经预见到自己的行为会产生危害后果，但由于过于自信而轻信能够避免，以致危害后果发生。例如，化学教师做演示实验时，不慎将废液溅到前排学生的脸上，造成烫伤。

七、幼儿园教师违法原因与预防

1. 法制教育的缺位

近年来，幼儿师范教育中有关法律的课程设置薄弱。在幼儿师范专业课程设置中，一般仅仅设置了法律基础知识的公共课程，教学以理论教学为主，幼儿师范类的学生除了能够记住几个法律定义、概念，很难掌握一些实用的法律知识。在这种法律意识极其淡薄的环境中，教师容易因为法律知识的缺位导致违法犯罪行为，以致教师对学生的侵权和犯罪的案件频频发生。

鉴于上述原因，有必要在各级各类幼儿师范院校中开设相应的法律知识课程，其使用的教材应当区别于非师范专业统一使用的教材，教材的编写应当紧密围绕幼儿园教育教学实际，即涉及教师教育教学中有可能接触到的法律问题，使其具有实用性，又应当具备一定的理论性和系统性，以满足教师今后构建完备知识体系的需要。幼儿园可以通过专家讲座、组织学习、阅读有关书籍等形式以案说法，时时为教师敲响警钟。

2. 教学制度疏漏

幼儿园在教学制度上如果存在漏洞，也可能会给实施违法行为的教师一些可乘之机。例如，正因为制度的疏漏，导致一些教师在幼儿园工作当中出现一些问题，有时还会导致比较严重的后果。假如幼儿园能够提早利用规章制度对这些问题进行一些防范，很多案件有可能避免。

首先，幼儿园应当建立严格的进人制度。在聘任新教师时，对其教学能力的考核仅仅是一个方面，幼儿园和教育行政部门还要对新教师的档案进行严格的审查，将不符合教师任职资格的教师阻挡在校园之外。例如，江西省就曾发生过某小学聘用曾因奸淫幼女而被判处有期徒刑的刘某某代课，结果发生了刘某某利用教师的特殊身份23次奸淫11名学生的案件。根据《教师法》的有关规定，因故意犯罪而被判处有期徒刑以上刑事处罚的，是永远不能取得教师资格的。

其次，幼儿园应当建立有效的防范制度。这些规范可以使幼儿园的教师在工作当中不是仅仅凭借经验形式，而是按照固定的规范进行，这样就可以最大可能地避免教师在教育教学当中出现问题。例如，幼儿园通过制定接送儿童的有关规定，对幼儿园儿童每天接送的程序进行严格的规范。

再次，幼儿园应当建立起严密的教学检查制度。幼儿园的教师管理不能只将教学成绩作为教师业绩考核的唯一指标，教师的教育教学纪律、师德表现也应当作为其中一项考核指标。检查的方式可以采取由学生家长填写反馈表、幼儿园领导和教学管理人员不定时巡查的方式对教师的教学情况进行检查。这种严密的教学检查制度也会在一定程度上震慑有违法犯罪倾向的教师。

最后，幼儿园应当建立有效的处理机制，健全检举举报、调查核实、处罚等各种制度。使学校中教师的违法问题有专门的部门或人员负责，保证有了问题能够及时解决，并且注意对受侵害学生的保护，尤其应当注意对其隐私的保护。对于涉案人员应当坚决打击、严肃处理。对有苗头或轻微违法的人员应当及时批评教育、给予行政处分或者开除教师队伍，对于触犯刑法的人员应当及时移交公安机关、司法机关处理，对于知情不报的教师也应当给予相应的处罚。

3. 保护程序欠缺

许多孩子在受到教师违法行为侵害后，不知道如何向有关人员请求救助，往往是家长发现孩子有些不对劲时才知道。而且受害儿童的家长也往往存在一些顾虑，这反映出目前对于受侵害的学生缺乏一些特殊的程序性保护。首先，孩子在遭受到教师违法行为侵害后不知道向谁求助，很多受伤害孩子即使是家长也不愿意告诉。其次，很多家长不愿意向有关部门反映，一个重要原因就是不愿意让自己的孩子受到"二次伤害"，即孩子有可能在接受有关部门的调查时，因为受害隐私泄露、回忆心灵创伤等而再次引起心理上的伤害。还有的家长担心与幼儿园"闹僵"后影响孩子在幼儿园的学习。这些情况也反映出我们目前在行政、司法上对受侵害学生的程序性保护还存在一定的问题。

对此，幼儿园应当建立起规范的途径，对于孩子或监护人反映的有关情况应当认真地进行调查核实，不能只听一面之词，对任何一方的处理都要做到证据确凿。对于处理当中一些涉及孩子及家长隐私的问题，幼儿园要注意保护。对于其行为已经触犯刑法的教师，幼儿园应当立即移送司法机关、公安机关处理，决不能隐瞒不报。

第五章　学前儿童相关法律问题

一、儿童家庭保护

"天地之大德曰生"，人自降生即生活在家庭的环境中，而且自此至成年之前的大部分时间是在家庭当中度过的。家庭对一个人的成长影响很深，家庭成员的个性、品德、修养、习性等都对未成年人的成长起着潜移默化的作用，间接地决定了未成年人将来的发展。家庭作为一个社会的组成部分，不仅其自身的状态直接影响当前社会的稳定和发展，家庭中儿童的教育和保护问题也间接地影响着社会今后的稳定和发展。

目前儿童的家庭保护问题并不乐观，一些未成年人不良行为的养成，乃至今后走向犯罪道路都与家庭的不良影响密不可分。例如，父母整日在家中吸烟、酗酒，甚至引导未成年人吸烟、酗酒；在家中聚众打麻将或赌博影响孩子的学习或休息；父母不和、离异，缺乏对孩子必要的关心和照顾；父母的婚外恋、包二奶等现象对孩子的不良影响；父母虐待老人；父母虐待子女、侵犯子女的受教育权等权利；父母由于工作等原因疏于对子女的管教；等等。

目前，我国的相关法律强调对未成年人的家庭保护，对于父母等监护人侵犯未成年人的合法权利，影响未成年人健康成长的行为，可以责令其父母停止侵害、排除妨碍、消除影响、赔礼道歉，甚至在必要的时候可以剥夺其父母的监护权。如果父母等监护人侵犯未成年子女的行为的社会危害性极大，触犯了我国《刑法》，司法部门应当追究其刑事责任。

根据有关法律的规定，未成年人家庭保护的内容主要有：

1. 创设良好家庭环境

根据《未成年人保护法》等法律法规的有关规定，父母或者其他监护人应当创造良好、和睦的家庭环境，依法履行对未成年人的监护职责和抚养义务。禁止对未成年人实施家庭暴力，禁止虐待、遗弃未成年人，禁止溺婴和其他残害婴儿的行为，不得歧视女性未成年人或者有残疾的未成年人。

除此之外，《未成年人保护法》等法律还要求父母或者其他监护人应当根据未成年人的年龄和智力发展状况，在做出与未成年人权益有关的决定时告知其本人，并听取他们的意见；父母或者其他监护人不得允许或者迫使未成年人结婚，不得为未成年人订立婚约；父母因外出务工或者其他原因不能履行对未成年人监护职责的，应当委托有监护能力的其他成年人代为监护。

2. 开展适宜家庭教育

根据《未成年人保护法》等法律的规定，父母或者其他监护人应当学习家庭教育知识，正确履行监护职责，抚养教育未成年人。有关国家机关和社会组织应当为未成年人的父母或者其他监护人提供家庭教育指导。父母或者其他监护人应当关注未成年人的生理、心理状况和行为习惯，以健康的思想、良好的品行和适当的方法教育和影响未成年人，引导未成年人进行有益身心健康的活动，预防和制止未成年人吸烟、酗酒、流浪、沉迷网络以及赌博、吸毒、卖淫等行为。

3. 提供适当学前教育

父母或者其他监护人应当尊重未成年人受教育的权利，必须使适龄未成年人依法入学接受并完成义务教育，不得使接受义务教育的未成年人辍学。对于学龄前儿童，因为学前教育并非属于强制性的教育，所以家长可以根据具体的情况决定是否让孩子接受幼儿园教育。但出于对孩子身心各方面发展的需要，为孩子提供适当的学前教育是非常重要的。国外有研究成果证明，对孩子学前教育的投资，在孩子成年之后会有十几倍的收益。因此，为孩子提供适当的学前教育是值得提倡和鼓励的。

二、儿童学校保护

对于学龄前儿童来说，幼儿园是儿童学习生活的一个主要场所。我国幼儿园教育在中华人民共和国成立后得到了迅速的发展，教育教学水平不断提高，早期教育的受教率也不断增长。但在幼儿园的工作当中，还存在着一些问题，其中教师体罚学生等现象屡禁不止；校园安全事故频频发生；甚至出现了一些儿童伤亡的案例……严峻的现实提醒我们，幼儿园对未成年人的保护问题已经到了刻不容缓的地步。

根据我国《未成年人保护法》等有关法律的规定，未成年儿童幼儿园保护的主要内容有：

（1）幼儿园应当全面贯彻国家的教育方针，实施素质教育，提高教育质量，注重培养未成年学生独立思考能力、创新能力和实践能力，促进未成年学生全面发展。

（2）幼儿园应当尊重未成年学生受教育的权利，关心、爱护学生，对品行有缺点、学习有困难的学生，应当耐心教育、帮助，不得歧视。

（3）幼儿园应当根据未成年学生身心发展的特点，对他们进行社会生活指导、心理健康辅导和卫生教育。

（4）幼儿园应当与未成年学生的父母或者其他监护人互相配合，保证未成年学生的睡眠、娱乐和体育锻炼时间，不得加重其学习负担。

（5）幼儿园的教职员工应当尊重未成年人的人格尊严，不得对未成年人实施体罚、变相体罚或者其他侮辱人格尊严的行为。

（6）幼儿园应当建立安全制度，加强对未成年人的安全教育，采取措施保障未成年人的人身安全。幼儿园不得在危及未成年人人身安全、健康的校舍和其他设施、场所中进行教育教学活动。幼儿园安排未成年人参加集会、文化娱乐、社会实践等集体活动，应当有利于未成年人的健康成长，防止发生人身安全事故。

（7）教育行政等部门和幼儿园应当根据需要，制定应对各种灾害、传染性疾病、食物中毒、意外伤害等突发事件的预案，配备相应设施并进行必要的演练，增强未成年人的自我保护意识和能力。

（8）幼儿园对未成年儿童在园内或者本园组织的校外活动中发生人身伤害事故的，应当及时救护，妥善处理，并及时向有关主管部门报告。

（9）幼儿园应当做好保育、教育工作，促进幼儿在体质、智力、品德等方面和谐发展。

三、儿童社会保护

社会属性是人的重要特征，人的生存和发展都不能脱离社会的存在。一个良好的社会环境对未成年人的成长是至关重要的，古时"孟母三迁"的故事讲的也是这个道理。在现实社会生活中，存在着众多未成年人成长的隐患。例如，歌舞厅、游戏厅、黑网吧对未成年人的不良影响，不良书刊、网站对未成年人的侵蚀作用，劣质儿童食品与玩具对未成年身体的伤害，屡禁不止的"黑童工"现象……因此，国家要采取一定的措施，创建一个良好的环境，使得未成年人能够茁壮成长。

根据《未成年人保护法》等法律的有关规定，社会对于学龄前儿童保护内容主要有：

（1）全社会应当树立尊重、保护、教育未成年人的良好风尚，关心、爱护未成年人。国家鼓励社会团体、企业事业组织以及其他组织和个人，开展多种形式的有利于未成年人健康成长的社会活动。

（2）各级人民政府应当保障未成年人受教育的权利，并采取措施保障家庭经济困难的、残疾的和流动人口中的未成年人等接受义务教育。

（3）各级人民政府应当建立和改善适合未成年人文化生活需要的活动场所和设施，鼓励社会力量兴办适合未成年人的活动场所，并加强管理。

（4）爱国主义教育基地、图书馆、青少年宫、儿童活动中心应当对未成年人免费开放；博物馆、纪念馆、科技馆、展览馆、美术馆、文化馆以及影剧院、体育场馆、动物园、公园等场所，应当按照有关规定对未成年人免费或者优惠开放。

（5）县级以上人民政府及其教育行政部门应当采取措施，鼓励和支持中小学校在节假日期间将文化体育设施对未成年人免费或者优惠开放。社区中的公益性互联网上网服务设施，应当对未成年人免费或者优惠开放，为未成年人提供安全、健康的上网服务。

（6）国家鼓励新闻、出版、信息产业、广播、电影、电视、文艺等单位和作家、艺术家、科学家以及其他公民，创作或者提供有利于未成年人健康成长的作品。出版、制作和传播专门以未成年人为对象的内容健康的图书、报刊、音像制品、电子出版物以及网络信息等，国家给予扶持。国家鼓励科研机构和科技团体对未成年人开展科学知识普及活动。

（7）国家采取措施，预防未成年人沉迷网络。国家鼓励研究开发有利于未成年人健康成长的网络产品，推广用于阻止未成年人沉迷网络的新技术。

（8）禁止任何组织、个人制作或者向未成年人出售、出租或者以其他方式传播淫秽、暴力、凶杀、恐怖、赌博等毒害未成年人的图书、报刊、音像制品、电子出版物以及网络信息等。

（9）生产、销售用于未成年人的食品、药品、玩具、用具和游乐设施等，应当符合国家标准或者行业标准，不得有害于未成年人的安全和健康；需要标明注意事项的，应当在显著位置标明。

（10）中小学校园周边不得设置营业性歌舞娱乐场所、互联网上网服务营业场所等不适宜未成年人活动的场所。营业性歌舞娱乐场所、互联网上网服务营业场所等不适宜未成年人活动的场所，不得允许未成年人进入，经营者应当在显著位置设置未成年人禁入标志；对难以判明是否已成年的，应当要求其出示身份证件。

（11）禁止向未成年人出售烟酒，经营者应当在显著位置设置不向未成年人出售烟酒的标志。对难以判明是否已成年的，应当要求其出示身份证件；任何人不得在幼儿园的教室、寝室、活动室和其他未成年人集中活动的场所吸烟、饮酒。

（12）任何组织或者个人不得招用未满十六周岁的未成年人，国家另有规定的除外。

（13）任何组织或者个人不得披露未成年人的个人隐私。对未成年人的信件、日记、电子邮件，任何组织或者个人不得隐匿、毁弃；除因追查犯罪的需要，由公安机关或者人民检察院依法进行检查，或者对无行为能力的未成年人的信件、日记、电子邮件由其父母或者其他监护人代为开拆、查阅外，任何组织或者个人不得开拆、查阅。

（14）幼儿园和公共场所发生突发事件时，应当优先救护未成年人。

（15）禁止拐卖、绑架、虐待未成年人，禁止对未成年人实施性侵害。禁止胁迫、诱骗、利用未成年人乞讨或者组织未成年人进行有害其身心健康的表演等活动。

（16）公安机关应当采取有力措施，依法维护校园周边的治安和交通秩序，预防和制止侵害未成年人合法权益的违法犯罪行为。任何组织或者个人不得扰乱教学秩序，不得侵占、破坏幼儿园、托儿所的场地、房屋和设施。

（17）县级以上人民政府及其民政部门应当根据需要设立救助场所，对流浪乞讨等生活无着未成年人实施救助，承担临时监护责任；公安部门或者其他有关部门应当护送流浪乞讨或者离家出走的未成年人到救助场所，由救助场所予以救助和妥善照顾，并及时通知其父母或者其他监护人领回。对孤儿、无法查明其父母或者其他监护人的以及其他生活无着的未成年人，由民政部门设立的儿童福利机构收留抚养。未成年人救助机构、儿童福利机构及其工作人员应当依法履行职责，不得虐待、歧视未成年人；不得在办理收留抚养工作中牟取利益。

（18）卫生部门和学校应当对未成年人进行卫生保健和营养指导，提供必要的卫生保健条件，做好疾病预防工作。卫生部门应当做好对儿童的预防接种工作，国家免疫规划项目的预防接种实行免费；积极防治儿童常见病、多发病，加强对传染病防治工作的监督管理，加强对幼儿园、托儿所卫生保健的业务指导和监督检查。

（19）地方各级人民政府应当积极发展托幼事业，办好托儿所、幼儿园，支持社会组织和个人依法兴办哺乳室、托儿所、幼儿园。各级人民政府和有关部门应当采取多种形式，培养和训练幼儿园、托儿所的保教人员，提高其职业道德素质和业务能力。

（20）未成年人的合法权益受到侵害的，被侵害人及其监护人或者其他组织和个人有权向有关部门投诉，有关部门应当依法及时处理。

四、儿童司法保护

在我国的《未成年人保护法》等法律中，规定了一些对未成年人进行司法保护的具体规则。其中涉及学龄前儿童的内容主要有：

（1）公安机关、人民检察院、人民法院以及司法行政部门，应当依法履行职责，在司法活动中保护未成年人的合法权益。

（2）未成年人的合法权益受到侵害，依法向人民法院提起诉讼的，人民法院应当依法及时审理，并适应未成年人生理、心理特点和健康成长的需要，保障未成年人的合法权益。在司法活动中对需要法律援助或者司法救助的未成年人，法律援助机构或者人民法院应当给予帮助，依法为其提供法律援助或者司法救助。

（3）人民法院审理继承案件，应当依法保护未成年人的继承权和受遗赠权。人民法院审理离婚案件，涉及未成年子女抚养问题的，应当听取有表达意愿能力的未成年子女的意见，根据保障子女权益的原则和双方具体情况依法处理。

（4）父母或者其他监护人不履行监护职责或者侵害被监护的未成年人的合法权益，经教育不改的，人民法院可以根据有关人员或者有关单位的申请，撤销其监护人的资格，依法另行指定监护人。被撤销监护资格的父母应当依法继续负担抚养费用。

（5）公安机关、人民检察院、人民法院询问未成年证人、被害人，应当依照《刑事诉讼法》的规定通知其法定代理人或者其他人员到场。公安机关、人民检察院、人民法院办理未成年人遭受性侵害的刑事案件，应当保护被害人的名誉。

（6）对未成年人犯罪案件，新闻报道、影视节目、公开出版物、网络等不得披露该未成年人的姓名、住所、照片、图像以及可能推断出该未成年人的资料。

五、儿童特殊权利

儿童作为国家的公民，首先具有国家的法律法规赋予公民的一般性权利，即中华人民共和国公民普遍享有的权利。除此之外，《教育法》等法律对于儿童这个特定的群体还规定了一些特殊的权利。

1. 参加教育教学活动权

参加教育教学活动权即我国《教育法》第 43 条第 1 款所规定的学生有"参加教育教学计划安排的各种活动，使用教育教学设施、设备、图书资料"的权利。参加教育教学活动权是学生的基本权利，它是保障学生受教育权的前提和基础，也是学生学习权利的具体表现，任何组织和个人都不得以任何借口非法剥夺学生这一基本权利。为了使学生充分享有这一权利，幼儿园及其他教育机构应当按规定提供符合卫生安全标准的教育教学设备、必需的图书资料及其他教学用品，保证受教育者顺利完成学习任务。

2. 获得学业资助权

获得学业资助权即我国《教育法》第43条第2款所规定的学生有"按照国家有关规定获得奖学金、贷学金、助学金"的权利。这是学生获得国家和社会各种经济资助的权利。奖学金、贷学金、助学金是为了保障学生享受受教育权、让贫困学生获得均等的教育机会和鼓励学生全面发展而设立的。奖学金、贷学金、助学金的来源以政府财政为主渠道，同时国家鼓励学校、企业、社会团体、行业与个人对学生提供资助。

3. 获得公正评价权

获得公正评价权即我国《教育法》第43条第3款所规定的学生享有"在学业成绩和品行上获得公正评价，完成规定的学业后获得相应的学业证书、学位证书"的权利。这是学生的一项基本权利，是教育机构应尽的一项义务。对于幼儿园来说，儿童在受教育的某一时期的学习情况、知识结构、知识水平的概括，包括测试成绩记录、平时学习情况和总评等都应当得到公正的评价。

4. 申诉与诉讼权

申诉与诉讼权即是我国《教育法》第43条第4款所规定的学生享有"对学校给予的处分不服向有关部门提出申诉，对学校、教师侵犯其人身权、财产权等合法权益，提出申诉或者依法提起诉讼"的权利。这一权利是公民申诉权和诉讼权在受教育者身上的体现，是对学生合法权益受到侵害时实施的法律救济。

儿童的人身权、财产权等合法权益受到幼儿园或教师的侵犯后，可以提出申诉或依法提起民事诉讼。根据有关法律规定，学生的人身权主要包括生命健康权，姓名和肖像权、名誉和荣誉权、人格尊严权等。表现在幼儿园里常见的侵犯学生人身权的行为有：体罚或变相体罚学生，如殴打学生、罚站、罚学生相互打耳光、罚学生进行不必要的有害身心健康的大量重复动作、强令学生进行劳动以作为惩罚手段等；非法搜查学生，非法暴露学生隐私。学生的财产权主要是指财产的所有权，此外，特殊情况下也有可能是指用益物权或担保物权。在学生的人身权和财产权受到侵害时，学生及其监护人有权向有管辖权的法院依法提起民事诉讼，以维护自己的合法权益。

5. 其他权利

这项权利是我国《教育法》允许受教育者享有的其他法律、法规规定的权利。除《教育法》外，其他法律、法规，如《宪法》《民法通则》《未成年人保护法》《预防未成年人犯罪法》等对学生的一些权利都做出了明确规定。

第六章　幼儿园安全相关法律问题

幼儿园伤害事故是指发生在对学龄前儿童承担着教育、管理和保护职责的幼儿园内，以及虽然发生在幼儿园之外，但是在由这些幼儿园组织的教育教学活动中发生的，学龄前儿童的生命健康受到侵害的事故。

由于幼儿园是学前儿童聚集的场所，而学前儿童的认识能力和自我保护能力还都非常低，所以儿童伤害事故在幼儿园的工作当中是经常发生的。目前，很多幼儿园将学生伤害事故的预防作为学校的一项主要工作加以落实，但因为学生伤害事故本身的特点，其发生仍然是难以避免的。

幼儿园伤害事故是在幼儿园教育教学实践中经常遇到的一类教育法律问题。因为对相关法律知识缺乏必要的了解，以致造成目前有些幼儿园和教师在教育教学工作中往往胆战心惊、如履薄冰、不知所措，甚至因噎废食，取消了一些必要的教育教学活动。这些问题已经极大地影响了幼儿园正常的教育教学秩序，阻碍了正常教育活动的开展。所以，作为一名学前教育工作者，有必要对幼儿园伤害事故的一些法律问题有所了解，以便指导自己今后的教育教学工作。

在幼儿园的工作实践中，具体可以参照以下几方面对学生伤害事故进行应对和处理。

一、幼儿园事故的预防体系

在幼儿园整体安全工作体系当中，安全事故的预防是重要的组成部分。

我们一般讲幼儿园安全的工作体系分为预防、应急与恢复三个层面。预防是指幼儿园在事故发生之前就应当采取适当的措施，消灭安全事故存在的可能性，将一些安全事故的隐患消灭在萌芽状态。

应当说，幼儿园安全事故的预防是整个幼儿园安全体系当中的第一个环节，如果能够利用这个环节将幼儿园安全事故有效地预防，就是幼儿园安全工作最理想的状态。安全预防就是做好准备和保护，以应付攻击或者避免受害，从而使被保护对象处于没有危险、不受侵害、不出现事故的安全状态。显而易见，安全是目的，预防是手段，通过防范的手段达到或实现安全的目的，就是安全预防的基本内涵。

幼儿园的安全防范有三种基本的手段，即人防、物防和技防。

人防和物防是古已有之的传统防范手段，它们是安全防范的基础。人防、物防顾名思义就是通过人力、物力进行安全防范，其中人防是以投入人力进行防范工作，如幼儿园通过门卫、保安、宿管员以及幼儿园其他工作人员等进行安全防范。物防是幼儿园借助一些物体对幼儿园安全事故加以防范，如防盗门、围墙、防盗网等对幼儿园安全起到保障作用。随着科学技术的不断进步，这些传统的防范手段也不断融入新科技的内容。技防则是通过现代科学技术进行安全防范，如电子监控、电子防盗报警等技术手段。

1. 幼儿园安全组织

幼儿园安全组织是幼儿园内部负责幼儿园安全工作的专门组织。幼儿园安全管理必须有组织上的保障，否则幼儿园安全管理工作就无从谈起。其组织上的保障主要包括幼儿园安全管理机构的保障和幼儿园安全管理人员的保障。

幼儿园安全组织包括幼儿园安全管理机构和幼儿园安全管理人员两个部分。幼儿园安全管理机构是指幼儿园中专门负责幼儿园安全管理的内设机构。幼儿园安全管理人员是指在幼儿园中从事安全管理工作的专职人员或兼职人员。

参照《中华人民共和国生产安全法》第 19 条关于安全管理机构和安全管理人员的有关规定，幼儿园师生在 300 人以上的，应当配备幼儿园安全管理机构或者配备专职的幼儿园安全管理人员。幼儿园师生在 300 人以下的，应当配备专职或者兼职的幼儿园安全管理人员。

根据《教育部关于做好 2005 年中小学幼儿园安全工作的意见》的有关规定，地方各级教育行政部门应按照属地化管理的原则，结合"地方负责、分级管理、以县为主"的管理体制，切实履行好安全管理的责任，进一步落实安全管理工作机构，配备专门人员负责中小学幼儿园的安全工作，加强对中小学幼儿园安全工作的管理和指导。教育部等十部委 2006 年颁布的《中小学幼儿园安全管理办法》第 16 条规定："学校应当建立校内安全工作领导机构，实行园长负责制；应当设立保卫机构，配备专职或者兼职安全保卫人员，明确其安全保卫职责。"

2. 幼儿园安全责任制

幼儿园安全责任制是将幼儿园各级负责人员、各职能部门及其工作人员和各个岗位的教职工在幼儿园安全方面应做的事情和应负的责任加以明确规定的一种制度。建立幼儿园安全责任制的目的，一方面是增强幼儿园各级负责人员、各职能部门及其工作人员和各个岗位的教职工对幼儿园安全的责任感。另一方面明确幼儿园中各级负责人员、各职能部门及其工作人员和各个岗位的教职工在安全工作中应履行的职责和应承担的责任，以充分调动各级人员和各部门在安全生产方面的积极性和主观能动性，确保幼儿园安全。

幼儿园应当按照"横向到边，纵向到底"的原则，将"校园安全，人人有责"从制度上固定下来，将幼儿园安全的责任落实到每个环节、每个岗位、每个人，从而增强各级管理人员的责任心，使幼儿园安全工作落实到每个环节、每个岗位、每个教职工，从而增强各级管理人员的责任心，使幼儿园安全管理工作既做到责任明确，又相互协调配合，将幼儿园安全工作真正落到实处。

建立一个完善的幼儿园安全责任制的总要求是：横向到边、纵向到底。即幼儿园的安全责任在范围上应落实到每一个工作环节，同时也要明确从园长到每一名教职工的具体职责。其内容要做到既明确具体，又具有可操作性，防止形式主义。同时也要有配套的监督、检查等制度，以保障幼儿园安全责任制真正落实。

3. 幼儿园安全制度

幼儿园安全制度是指在幼儿园运行过程中，为了能将人员伤亡或财产损失控制在人们可接受的水平，而制定出的用以规范幼儿园安全管理相关人员行为的规则。

按照有关规定及幼儿园教育教学实际情况，幼儿园应当建立以下安全制度：

（1）门卫制度

幼儿园应当健全门卫制度，建立校外人员入校的登记或者验证制度，禁止无关人员和校外机动车入内，禁止将非教学用易燃易爆物品、有毒物品、动物和管制器具等危险物品带入校园。幼儿园门卫应当由专职保安或者其他能够切实履行职责的人员担任。

（2）校内安全定期检查制度

幼儿园应当建立校内安全定期检查制度和危房报告制度，按照国家有关规定安排对幼儿园建筑物、构筑物、设备、设施进行安全检查、检验；发现存在安全隐患的，应当停止使用，及时维修或者更换；维修、更换前应当采取必要的防护措施或者设置警示标志。幼儿园无力解决或者无法排除的重大安全隐患，应当及时书面报告主管部门和其他相关部门。幼儿园应当在校内楼顶、水池、楼梯等易发生危险的地方设置警示标志或者采取防护设施。

（3）消防安全制度

幼儿园应当落实消防安全制度和消防工作责任制，对于政府保障配备的消防设施和器材加强日常维护，保证其能够有效使用，并设置消防安全标志，保证疏散通道、安全出口和消防车通道畅通。

（4）水电气安全管理制度

幼儿园应当建立用水、用电、用气等相关设施设备的安全管理制度，定期进行检查或者按照规定接受有关主管部门的定期检查，发现老化或者损毁的，及时进行维修或者更换。

（5）食堂卫生制度

幼儿园应当严格执行《学校食堂与学生集体用餐卫生管理规定》《餐饮业和学生集体用餐配送单位卫生规范》，严格遵守卫生操作规范。建立食堂物资定点采购和索证、登记制度与饭菜留验和记录制度，检查饮用水的卫生安全状况，保障师生饮食卫生安全。

（6）卫生保健制度

幼儿园应当按照国家有关规定配备具有从业资格的专职医务（保健）人员或者兼职卫生保健教师，购置必需的急救器材和药品，保障对学生常见病的治疗，并负责幼儿园传染病疫情及其他突发公共卫生事件的报告。新生入学应当提交体检证明。托幼机构与小学在入托、入学时应当查验预防接种证。幼儿园应当建立学生健康档案，组织学生定期体检。

（7）学生安全信息通报制度

幼儿园应当建立学生安全信息通报制度，将学生身体和心理的异常状况等关系学生安全的信息，及时告知其监护人。对有特异体质、特定疾病或者其他生理、心理状况异常的学生，幼儿园应当做好安全信息记录，妥善保管学生的健康与安全信息资料，依法保护学生的个人隐私。

（8）住宿学生安全管理制度

有寄宿生的幼儿园应当建立住宿学生安全管理制度，配备专人负责住宿学生的生活管理和安全保卫工作。

（9）校车管理制度

幼儿园购买或者租用机动车专门用于接送学生的，应当建立车辆管理制度，并及时到公安机关交通管理部门备案。接送学生的车辆必须检验合格，并定期维护和检测。接送学生专用校车应当粘贴统一标识。

（10）安全工作档案制度

幼儿园应当建立安全工作档案，记录日常安全工作、安全责任落实、安全检查、安全隐患消除等情况。安全档案作为实施安全工作目标考核、责任追究和事故处理的重要依据。

（11）教学安全制度

幼儿园在日常的教育教学活动中应当遵循教学规范，落实安全管理要求，合理预见、积极防范可能发生的风险。幼儿园以及接受学生参加教育教学活动的单位必须采取有效措施，为学生活动提供安全保障。

（12）大型集体活动安全制度

幼儿园组织学生参加大型集体活动，应当采取下列安全措施：成立临时的安全管理组织机构；有针对性地对学生进行安全教育；安排必要的管理人员，明确所负担的安全职责；制定安全应急预案，配备相应设施。

（13）体育活动安全制度

幼儿园应当按照教学计划组织体育教学和体育活动，并根据教学要求采取必要的保护和帮助措施。

（14）上下学与家长的交接制度

幼儿园应当建立幼儿上下学时接送的交接制度，不得将晚离幼儿园幼儿交与无关人员。

（15）其他制度

例如，幼儿园应当建立教学楼疏散的相关规定，以防止发生拥挤踩踏事故；安排负责人和教师值班等制度，以保证在园学生的安全。

4. 幼儿园安全检查

幼儿园安全检查是指对幼儿园教育教学及安全管理中可能存在的隐患、有害与危险因素、缺陷等进行查证，以确定隐患或有害或危险因素、缺陷存在状态，以及它们转化为事故的条件，以便制定整改措施，消除隐患和危险有害因素，确保幼儿园的安全。

幼儿园安全检查通常可以分为以下几种类型：

（1）定期安全检查

定期安全检查是指列入计划，每隔一段时间进行一次检查，如每周一次教室安全隐患排查，每学期一次管制刀具排查。这种检查可以是全校性的，也可以是以班级为单位进行的。定期检查面广，有深度，能及时发现安全隐患并加以解决。

（2）日常安全检查

日常安全检查是采取个别的、日常巡视方式来进行的检查。在教育教学中进行经常性的安全检查，能及时发现隐患，并及时消除，如日常教学秩序巡查。

（3）季节性安全检查

幼儿园可以根据事故在不同季节的发生规律，进行重点突出的安全检查。例如，夏季进行防水灾、防雷电、防食物中毒检查，冬季进行防火灾、防煤气中毒检查。

（4）节假日前后安全检查

节假日前后，师生的思想容易麻痹大意，易发生安全事故。寒暑假和国庆、五一等假期时间比较长，放假前一定要进行办公室和教室的安全检查。

（5）专项安全检查

专项安全检查是针对某个专项的安全问题进行的检查。例如，食堂卫生检查、消防检查等。专项检查具有较强的针对性和专业要求，用于检查难度较大的安全项目。通过检查，发现潜在问题，研究整改对策，及时消除隐患，进行技术改造。

（6）综合安全检查

综合安全检查一般是由地方政府或教育行政主管部门对下属幼儿园进行的全面综合性的检查，必要时可进行系统的安全性评价。

（7）家长安全检查

家长安全检查是指幼儿园邀请学生家长到幼儿园进行安全检查，给幼儿园提供安全建议。我国台湾地区的一些幼儿园，经常性邀请家长来幼儿园进行安全检查。幼儿园的教职工和学生因为长时间在幼儿园学习、生活，容易产生"习惯性错觉"，即不正常的事物看的时间长了，也感觉不出它的异常了。邀请家长进行检查，恰好能克服"习惯性错觉"，而且能够集思广益。

5. 幼儿园安全教育

幼儿园安全教育是提高师生的安全意识，增强师生的安全素质，减少教师和学生的不安全行为，防止人为失误的重要途径。幼儿园的安全教育应当针对不同的对象进行不同内容的安全教育。

（1）幼儿园相关领导的培训

幼儿园的相关领导主要指幼儿园的校级领导和中层领导。幼儿园相关领导的培训主要有以下内容：

①幼儿园安全的法律、法规、规章、标准和有关制度。

②幼儿园安全管理的基本知识。

③幼儿园常见的重大事故防范。

④应急救援预案的制作与操作。

⑤学生伤害事故的预防和处理。

⑥典型事故案例及分析。

幼儿园相关领导的安全培训应当主要由地方各级教育行政部门组织，其应当将安全管理纳入校长培训的内容，通过远程教育和集中培训等多种形式进行安全管理培训。根据《教育部关于做好 2005 年中小学幼儿园安全工作的意见》的有关规定，要求培训时间不少于 16 学时。有条件的地方可以对校长和幼儿园的其他领导集中进行安全管理的专门培训。

（2）幼儿园教职工的培训

幼儿园教职工的培训主要是针对幼儿园教育教学中班主任、专任教师和其他工作人员常见的一些法律问题和安全知识，使他们能在自己的职责范围内有效地预防学生伤害事故的发生，在事故发生后，能够妥善应对，积极组织学生逃生。其具体有以下内容：

①幼儿园安全的法律、法规、规章、标准和有关制度。

②教育教学常见法律问题分析。

③组织逃生的基本知识和技能。

④幼儿园常见事故的预防及处理。

⑤典型案例分析。

（3）特殊岗位教职工培训

幼儿园存在一些特殊岗位，如电工、司炉工、校医等，他们需要经过特殊的培训，并领取相关证件后才能够上岗。对于这些特殊岗位，幼儿园应当按照有关规章制度的规定，安排他们进行校内外的相关培训。

（4）学生安全教育

幼儿园是教书育人的场所，也是未成年学生事故多发的场所。所以幼儿园对幼儿进行安全教育具有重大意义。一方面，安全教育可以使学生提高安全意识，从而减少学生在幼儿园发生伤害事故的概率；另一方面，幼儿通过安全教育，可以掌握相应的安全知识，提高自身的知识、素质和能力，并提高自己的生存能力。

二、幼儿园事故的应急体系

幼儿园事故的应急体系是指幼儿园针对有可能发生的幼儿园突发事故，提前建立的应对系统。幼儿园安全应急体系是在幼儿园突发事故发生之后才能发挥作用的系统。幼儿园安全应急体系的作用就在于避免或者减小幼儿园事故所造成的人员伤亡或财产损失等损害。

在一般没有准备的情况下，幼儿园对于突发事故的应对很容易手忙脚乱，甚至应对不当。而仅仅依靠幼儿园的安全预防体系，并不能完全预防所有的幼儿园事故的发生，因为很多幼儿园突发事故的发生属于不可抗力，如地震、洪水等。还有一些是突发性事件，如遭遇到针对幼儿园的恐怖袭击。所以幼儿园必须有针对可能发生的各种突发事故提前做好的安全应急预案，并进行演练，不断更新，以保证突发事故在幼儿园发生时，幼儿园的教职工和学生能够最有效地减少事故所造成的灾害。

幼儿园应急体系虽然只是在突发事故发生时才能发挥作用，但是幼儿园应急体系的建构却是必须提前完成的。幼儿园应急体系主要由幼儿园安全预警、幼儿园安全应急预案和幼儿园安全应急演练三个系统构成。

其中，幼儿园安全预警是幼儿园安全应急体系的前提，没有幼儿园安全预警，就不会启动幼儿园安全应急预案；幼儿园安全应急预案是幼儿园应急体系的基础，没有安全应急预案，就不可能形成幼儿园的应急体系，幼儿园的应急演练也就无从着手；幼儿园应急演练是幼儿园应急体系的支持和保障。只有通过应急演练，才能使幼儿园的师生熟悉安全应急预案的具体内容和程序，以保证安全应急预案在需要的时候能够及时启动，并发挥最大的减灾效力。

1. 幼儿园安全预警

幼儿园安全预警是指教育行政部门、幼儿园或者其他有关单位对于容易引发幼儿园安全事故的危险源进行检测，但发现该危险源有可能演变为现实的安全事故时，根据其可能性的大小对幼儿园进行级别不同的警示。

2. 幼儿园安全应急预案

幼儿园安全应急预案是指幼儿园为降低紧急事件后果的严重程度，以对危险源的评价和事故预测为依据而预先制定的紧急事件控制和抢险救灾方案，是紧急事件应急救援的行动指南。幼儿园安全应急预案是幼儿园针对可能的重大事故（件）或灾害，为保证迅速、有序、有效地开展应急与救援行动、降低事故损失而预先制订的有关计划或者方案。制订应急预案可以为突发事件的现场应对提供指导，帮助应对人员用高效的行动将损失降至最低。因此制订预案是突发事件应急管理中的重要内容。

在幼儿园的安全工作实践当中，经常发现有的幼儿园会将幼儿园的安全制度与幼儿园的安全应急预案相互混淆。我们可以从事先和事中的角度对两者加以区分。幼儿园安全制度是在幼儿园安全事故发生之前发挥作用的，它的主要目的是预防幼儿园安全事故的发生。而幼儿园安全应急预案是在事故发生时发挥作用的，它的主要目的是尽量减少和消除安全事故给幼儿园带来的人身和财产方面的损失。

3. 幼儿园安全应急演练

幼儿园安全应急演练指以事先制定的幼儿园事故应急救援预案为依据，对实际突发事件应急救援过程的模拟，包括常规的应急处置流程和设定的关键事件等。应急救援演练的目的是检验应急反应预案、应急装备、应急基础设施、后勤保障等，从而发现问题和薄弱环节，提高预案的可操作性，提高应急反应能力。

（1）幼儿园安全应急演练可以发挥的作用

①暴露应急预案的缺点不足。

②增强师生应急意识与能力。

③明确教职工应急岗位与职责。

④提高各个部门间应急协作。

⑤检查幼儿园应急装备的质量。

《安全管理办法》第42条规定："学校可根据当地实际情况，组织师生开展多种形式的事故预防演练。学校应当每学期至少开展一次针对洪水、地震、火灾等灾害事故的紧急疏散演练，使师生掌握避险、逃生、自救的方法。"

（2）幼儿园在进行安全应急演练的时候应当遵循的要求

①依照预案、精心组织。幼儿园应当以幼儿园制定的安全应急预案为依据，在进行应急演练之前，进行精心的策划，落实演练当中的每一细节。

②科学安排、循序渐进。幼儿园在进行安全应急演练的时候，应当根据幼儿园的具体情况安排演练的内容，每学年第一学期安排一些相对简单的演练，第二学期可以安排一些相对复杂的演练。切勿盲目安排超过幼儿园应急能力的演练内容。

③结合实际、讲求实效。幼儿园在进行安全应急演练时应当充分结合本校的实际情况，安排一些最实用的应急演练。在演练的过程中，不要过分注重演练的形式，要注重演练的实际效果；让师生熟悉应急的具体步骤是最重要的。

④过程控制、确保安全。幼儿园在进行演练之前，必须提前设立一些演练的控制程序，以便可以及时调整演练的过程，当发生一些意外时，可以随时暂停演练的进行，避免事故的发生。例如，幼儿园在演练过程中可以利用幼儿园的广播系统对整个演练的过程加以指挥。

⑤收集资料、及时反馈。幼儿园在演练之前，应当提前安排利用摄影、摄像等设备对演练的过程进行记录，以便在演练之后进行分析总结。

（3）安全应急演练准备

①确定演练基本情况。演练基本情况，即演练的总体概述、演练的目的，演练的适用范围、总体思想和原则，演练的假设条件、人为事项和模拟行动，

演练的规模、主要内容等。演练的目的应给出演练要达到的实际目标并作为评价演练是否成功的标准。演练的规模应给出演练持续的时间、场地分布、参演人员的数量及部门组成等。演练的内容应概要地描述演练针对的突发事件的基本背景，演练包括的主要应急反应工作内容或演练的具体科目等。

②演练组织与保障。演练的组织、后勤保障和安全。应根据演练规模，合理地设置演练组织机构、人员的组成和内部分组及演练筹备组。演练的安全是一个非常重要而且容易忽略的问题，在演练前应制订安全计划，设定安全小组负责演练人员的安全，对于在演练中有效地防止人员伤亡等意外事件的发生是非常重要的。安全计划应包括个人安全事项、演练保卫事项等。不论是桌面演练，还是实战演练，都涉及后勤保障的问题。演练方案中的后勤保障计划应该考虑演练所需物品的准备、场景的搭建、交通运输等。

③演练脚本。演练的脚本，即对整个演练过程的情景描述，包括突发事件的基本发展过程及可能的偶发事件。演练脚本应包括突发事件总体过程的描述、插入突发事件的描述、参演人员应做出的合理反应的概略描述等。演练脚本是控制整个演练过程的关键，也为演练评估提供了基本的参考。以表格的形式表达演练脚本是一种较好的形式，可以比较清晰地给出演练的时间进程、背景信息与相应动作。

④演练现场规则。演练现场规则是指为确保演练安全而制定的，对有关演练控制、参与师生职责、演练程序等事项的规定或要求。在以往的幼儿园演练过程中，因为学生纪律松散，反而发生了一些学生挤伤、摔伤、踏伤的事情。所以幼儿园在进行安全应急演练之前，必须规定相应的纪律规范，以保证演练能够正常进行。

⑤演练教育培训。幼儿园在开展应急演练之前，要对参与演练的师生进行相关的安全培训，让所有的师生了解整个演练的程序，清楚自己在安全演练当中应当如何采取行动。在培训当中，可以首先在幼儿园或者班级进行桌面演练，让所有演练参与者熟悉演练的内容。

（4）安全应急演练实施

①演练启动。由安全应急演练的现场指挥发布演练启动信号，宣布演练开始。在启动时要注意以下事项：

a. 避免突击演练。尽量进行提前通知的应急演练，避免未加通知的应急演练，以免师生在慌乱之中发生意外。

b. 注意启动方式。根据学生情况采取不同的启动方式。例如，在幼儿园，现场指挥可以说："小朋友，我们现在进行一个游戏，我们都是小白兔，现在一只大灰狼要来抓我们，老师带领大家不让大灰狼抓住，好不好？"这样可以避免孩子的恐惧以及家长的误解。

c. 重申演练纪律。在演练之前，现场指挥或者班主任老师要重申演练纪律，保证演练有序进行，避免在演练过程中因为学生违纪导致意外事故发生。

②演练进行。在现场指挥宣布演练开始之后，参加演练的教职工和学生按照事先规定的内容和程序进行演练。在演练过程中，幼儿园和教师还应当注意以下问题：

a. 现场控制。在整个演练过程中，现场指挥和教职工一定要对自己负责的演练部分加以控制，对于演练现场的过程加以指挥，确保学生按照指挥开展演练。

b. 重点监督。在一些演练的关键部位，尤其是演练过程中容易发生事故的位置，要有一些人员进行重点监督。例如，在教学楼的楼梯口安排人员对进行演练的学生加以指挥协调。

c. 过程记录。利用摄影摄像设备对整个演练过程进行记录，为事后总结、宣传报道、存档备案做准备。

③演练结束。在演练过程结束之后，由现场指挥发布演练结束信号，宣布演练结束。

（5）安全应急演练总结

①分析协商。当安全应急演练结束之后，幼儿园应当组织有关人员对整

个的演练过程进行总结，分析演练结果的成败原因，为今后的幼儿园安全工作理清思路。

②预案修正。幼儿园在演练结束之后，根据演练过程中暴露出的实际问题对安全应急预案加以修正。

③问题纠正。问题纠正同时，针对演练当中发现的一些人为失误，幼儿园要安排专人对该问题加以纠正，直至问题彻底解决，不能为以后的幼儿园安全工作留下隐患。

④宣传备案。幼儿园根据整个演练的过程，对演练进行宣传报道，对演练材料进行存档备案。

幼儿园安全应急演练的过程与内容

演练准备	确定演练
	组织保障
	演练脚本
	现场规则
	教育培训
演练实施	演练启动
	演练进行
	演练结束
演练总结	分析协商
	预案修正
	问题纠正
	宣传备案

三、幼儿园事故的应急处置

幼儿园在儿童伤害事故中的归责原则为过错推定责任原则，即对于幼儿园来说，有过错担责任，无过错无责任。只要幼儿园拿出足够充分的证据证明自己的工作不存在过错，就可以免除责任。但即使幼儿园对于伤害事故的发生并不存在过错，也有可能会因为对事故的处理和救治不及时，而承担过错责任。所以，幼儿园对于儿童伤害事故的现场应急处置一定要加以重视。

1. 启动安全应急预案

在事故发生时，幼儿园及有关人员要及时有效地启动安全应急预案，各个工作岗位上的幼儿园领导和教职工要各司其职、密切配合，尽最大的可能保证儿童的生命和健康安全，将事故的损失降到最低。

2. 及时救治受伤儿童

《事故处理办法》第15条规定："发生学生伤害事故，学校应当及时救助受伤害学生，并应当及时告知未成年学生的监护人；有条件的，应当采取紧急救援等方式救助。"根据此条规定，在发生儿童伤害事故之后，幼儿园应当尽最大的努力对受伤儿童进行救治。对于伤势轻微的，可以由园医进行处理；对于伤势严重，幼儿园不具备救治条件的，应当及时采取有效措施，将其送往有条件救治的医院进行治疗。在此过程中，如果因为救治不及时、救治措施不当等原因导致学生伤势加重的，幼儿园应当承担相应的过错责任。

在救治的过程中，对于伤势较重的学生，幼儿园应当尽快通知孩子家长，履行自己的告知义务。

3. 向有关部门报告

《事故处理办法》第16条规定："发生学生伤害事故，情形严重的，学校应当及时向主管教育行政部门及有关部门报告；属于重大伤亡事故的，教育行政部门应当按照有关规定及时向同级人民政府和上一级教育行政部门报告。"根据该条的规定，幼儿园应当将本园发生的严重儿童伤害事故及时向教育行政主管部门报告，以便教育行政部门及时掌握有关的情况，对事故处理做出统筹的安排，并协助幼儿园做好善后工作。另外，如果该儿童伤害事故的责任人已触犯刑法，构成犯罪的，幼儿园应当及时向公安机关或检察机关报告，以便有关部门立案侦查。切不能因为顾及幼儿园的名誉等因素而隐瞒不报，对于知情不报的，应当追究有关幼儿园责任人的法律责任，甚至刑事责任。

4.受伤儿童的安抚工作

在儿童伤害事故当中，受伤的孩子感到了严重的身心痛苦。此时，如果幼儿园能够对其加以慰问，对于孩子和家长来说都是极大的安慰。有的幼儿园领导认为，如果幼儿园的领导和老师去看望受伤的孩子，等于是承认自己对于事故的发生有责任，容易让受伤的孩子和家长过分追究幼儿园的责任。但幼儿园作为育人的机构，本身就应当发扬人道主义精神，对儿童加以关怀。另外事实也证明，受伤儿童的家长在幼儿园的积极态度下，往往会使其更加冷静地处理相关事件，避免一些家长与幼儿园之间不必要的冲突。

除了受伤儿童的安抚之外，幼儿园对于现场的其他儿童也要进行专门的安抚及心理辅导，帮助受惊吓的孩子及时走出心理阴影，使幼儿园的各项工作尽快恢复正常。

四、幼儿园事故的调查取证

在幼儿园发生学生伤害事故之后，很可能随之而来的就是关于孩子受伤害赔偿的法律纠纷。在司法实践中，人们常说"打官司就是打证据"，在案件的审理过程中，法官判案的依据是本案证据所能证明的事实。所以掌握确实、充分、有利的证据是幼儿园在日后诉讼中胜诉的重要保障。幼儿园应当重视各种证据的收集工作。

值得注意的是，《侵权责任法》规定，无民事行为能力人，即10周岁以下的未成年儿童在幼儿园受到伤害后，实行举证责任倒置。也就是说，以往受伤的孩子要想让幼儿园承担责任，必须由孩子和家长提交幼儿园具有过错的证据，而自《侵权责任法》实施之后，无民事行为能力的儿童诉幼儿园承担因意外伤害造成的损失时，必须由幼儿园提交自己没有过错的证据；假如幼儿园不能提交充分有效的证据证明自己没有过错，就要承担相应的法律责任。这一点是非常值得学前教育工作者注意的。

我国《民事诉讼法》将证据分为书证、物证、视听资料、证人证言、当事人陈述、鉴定结论和勘验笔录七种。在收集以上证据的过程中，幼儿园应当注意以下几点：

1. 调查取证应当及时

因为证据本身的特点，很多物证如果不及时收集，日后便很难得到。而且因为主观方面的原因，幼儿园如果不及时收集有关目击者、知情人的口供，日后再去收集时会遇到很大的麻烦。

2. 收集证据应当合法

首先，收集的手段要合法。例如，幼儿园对见证的儿童以不准上幼儿园等相威胁，要求其提供有利于幼儿园的证言，这不仅侵犯儿童的受教育权，而且在日后的诉讼中也有可能使对方当事人对该证言的可信性提出质疑，使该证言的证明力降低。另外，有的幼儿园为了胜诉，提供了一些伪证，这更是要不得的，相关责任人也会因此承担相应的法律责任。

3. 收集证据应当严谨

首先，对于各种证据，要尽可能多搜集，以备在日后选用。其次，在收集证人证言时，一定要让证人在证言上签字，也可以利用录音等手段进行记录。确有必要时，可以聘请律师协助收集证据，并邀请公证机关对人证、物证加以公证，以增强证据的效力。

五、幼儿园事故的法律程序

《事故处理办法》第18条规定："发生学生伤害事故，学校与受伤害学生或者学生家长可以通过协商方式解决；双方自愿，可以书面请求主管教育行政部门进行调解。成年学生或者未成年学生的监护人也可以依法直接提起诉讼。"因此，当受伤学生家长与幼儿园在关于赔偿问题产生纠纷时，可以采取协商、调解以及诉讼的方式解决争端。除此之外，当事人还可以选择仲裁的方式解决争端。但这四者之间没有先后顺序，学生和家长可以不经协商和调解，而直接向人民法院提起诉讼。

1. 协商

协商是指发生纠纷的双方当事人在平等自愿的基础上，按照有关法律的规定，直接进行磋商或谈判，以达成双方都可以接受的解决方案。用协商的方式解决争端，快捷、简便，并有助于解决方案的实现。在学生伤害事故的处理中，协商的当事人一般是幼儿园、受伤的学生及家长、其他责任人（如导致该学生受伤的其他学生）。幼儿园在协商之前，应当向有关的专业人士，最好是律师进行咨询，并征询教育行政主管部门的意见。协商的基础是建立在平等自愿基础之上的，所以如果有一方当事人拒绝协商的话，协商即不能够进行下去。

2. 调解

调解是指纠纷的当事人在第三人的协调和斡旋下，在自愿的基础上达成协议解决争端的方法。它具有同协商解决一样的优点。但其与协商明显的区别在于调解是在第三人的主持下进行的。实践中，第三人一般是教育行政机关、当地司法机关、人民调解委员会、律师等，这些组织和个人通过对当事人双方的协调和斡旋，促使受伤学生、家长与幼儿园达成协议。另外这种调解又区别于人民法院的调解，人民法院的调解是指在民事诉讼中，双方当事人在法院审判人员的主持和协调下，就案件争议的问题进行协商，从而解决纠纷所进行的活动。普通的调解与人民法院的调解在发生时间、调解的主持人以及达成协议的效力上都是不同的。

3. 诉讼

在幼儿园伤害事故的双方当事人通过协商和调解后仍不能达成一致意见

时，可以通过诉讼的方式进行解决。因为法院是解决纠纷的最后一道屏障，它的公正性是值得信赖的，所以有的当事人在幼儿园伤害事故发生之后便直接进入诉讼程序。但采用诉讼手段的缺点也是有的，如费用较高、手续繁杂、费时较长，另外在判决的执行方面也可能会发生一些麻烦。

对于幼儿园来说，应当尽可能地利用非诉手段解决纠纷。一旦收到法院传票，进入诉讼阶段，幼儿园应当聘请专业的律师代理自己进行诉讼。有些幼儿园认为"有理就能打赢官司"，这种想法是非常错误的，因为诉讼是一种专业性非常强的活动，实践中，就发生过很多涉诉的幼儿园因为提交证据的时间不当、答辩状的书写内容不当等因素而败诉的例子。

4. 仲裁

除了协商、调解和诉讼等手段之外，当事人还可以利用仲裁手段解决学生伤害事故。所谓仲裁，就是纠纷当事人在自愿的基础上达成协议，将纠纷提交仲裁机关审理，由仲裁机关做出对争议各方均有约束力的裁决的一种解决纠纷的制度和方式。与诉讼相比，其具有简便、快捷、费用低等特点，但进行仲裁的前提是双方当事人一致同意将争议交特定的仲裁机关仲裁，而且仲裁机关做出的裁决与法院的判决相比，法律效力要低。

六、幼儿园事故的保险要点

在一些幼儿园伤害事故中，幼儿园往往面临着巨额的经济赔偿，因此赔偿经费问题是困扰和制约幼儿园工作的一个棘手的问题。而利用保险来解决幼儿园伤害事故中的经济赔偿问题是一个行之有效的措施。教育部在《事故处理办法》中第31条规定："学校有条件的，应当依据保险法的有关规定，参加学校责任保险。教育行政部门可以根据实际情况，鼓励中小学参加学校责任保险。提倡学生自愿参加意外伤害保险。在尊重学生意愿的前提下，学校可以为学生参加意外伤害保险创造便利条件，但不得从中收取任何费用。"

幼儿园也应当尽量争取教育行政部门的支持，以保险的形式防范今后有可能遇到的赔偿风险。

学生伤害事故的保险主要有两大类：一类是学校责任险；另一类是学生人身平安保险。

1. 学校责任险

学校责任险是指由于校方的疏忽或过失造成的学生身体受到损害，依照法律应由校方承担的经济赔偿责任由保险公司负责赔偿的制度。这种保险在一定程度上化解了学校应对巨额赔偿的困境，所以目前越来越多的地方政府开始出资为当地学校购买学校责任保险，但在更多的地方，保险费用由谁支付的问题成了制约学校责任保险制度开展的瓶颈。

2. 学生人身平安保险

学生人身平安保险是学生或监护人支付保费，当生命健康受到意外伤害时由保险公司根据保单协议予以赔偿的险种，简称学平险。但需要注意的是，幼儿园在组织孩子购买学平险时，不能强迫孩子家长购买，也不得从中收取任何费用。在儿童发生意外伤害后，幼儿园应当协助受伤孩子向保险公司进行理赔。

七、幼儿园事故的法律渊源

所谓学生伤害事故的法律渊源，是指学生伤害事故发生后，在决定学生伤害事故的责任承担时应当遵循的法律依据。目前在我国并没有一部系统的专门关于学生伤害事故认定和处理方面的法律，但也并不是无法可依。涉及学生伤害事故的法律规定主要有以下几种：

1. 《宪法》

《宪法》是我国的根本大法，具有最高的权威和法律效力，任何法律、法规都不得与它相抵触。《宪法》第19条关于发展我国教育事业的规定是有关教育法规的最高表现形式。与《宪法》的基本精神相违背的法律法规，当属无效。

2. 法律

（1）《侵权责任法》的有关规定

以往对于学生伤害事故的处理，主要是依据《最高人民法院关于审理人身损害赔偿案件适用法律若干问题的解释》第 7 条的有关规定。但值得注意的是，第十一届全国人民代表大会常务委员会第十二次会议通过的《侵权责任法》，其于 2010 年 7 月 1 日起施行。该法共 92 条，其中直接规定学生伤害事故处理的法条就有 3 条，充分显示了该法对于学生伤害事故侵权问题的关注。同时，该法也是第一次以成文法的形式直接规定了学生伤害事故的归责原则，该归责原则与以往相比有了重大变化，所以要引起教育工作者的充分重视。

该法第 38 条规定："无民事行为能力人在幼儿园、学校或者其他教育机构学习、生活期间受到人身损害的，幼儿园、学校或者其他教育机构应当承担责任，但能够证明尽到教育、管理职责的，不承担责任。"

该法第 39 条规定："限制民事行为能力人在学校或者其他教育机构学习、生活期间受到人身损害，学校或者其他教育机构未尽到教育、管理职责的，应当承担责任。"

该法第 40 条规定："无民事行为能力人或者限制民事行为能力人在幼儿园、学校或者其他教育机构学习、生活期间，受到幼儿园、学校或者其他教育机构以外的人员人身损害的，由侵权人承担侵权责任；幼儿园、学校或者其他教育机构未尽到管理职责的，承担相应的补充责任。"

（2）《民法总则》和《民法通则》的有关规定

2017 年 3 月 15 日，中华人民共和国第十二届全国人民代表大会第五次会议表决通过了《中华人民共和国民法总则》。同时，我国之前颁布的《民法通则》依然生效。《民法总则》和《民法通则》是我国民事活动的一般准则，其中规定的一般侵权归责原则，也是学生伤害事故处理中应当遵守的。《民法通则》第 119 条规定："侵害公民身体造成伤害的，应当赔偿医疗费、因误工减少的收入、残废者生活补助费等费用；造成死亡的，应当支付丧葬费、死者生前扶养的人必要的生活费等费用。"第 132 条规定："当事人对造成损害都没有过错的，可以根据实际情况，由当事人分担民事责任。"

《最高人民法院关于贯彻执行〈中华人民共和国民法通则〉若干问题的意见（试行）》第 160 条规定："在幼儿园、学校生活、学习的无民事行为能力人或者在精神病院治疗的精神病人，受到伤害或者给他人造成损害，单位有过错的，可以责令这些单位适当给予赔偿。"

（3）《教育法》的有关规定

《教育法》第 45 条规定："教育、体育、卫生行政部门和学校及其他教育机构应当完善体育、卫生保健设施，保护学生的身心健康。"

《教师法》第 8 条规定，教师应当制止有害于学生的行为或者其他侵犯学生权益的行为，批评和抵制有害于学生健康成长的现象。

《义务教育法》第 29 条第 2 款规定："教师应当尊重学生的人格，不得歧视学生，不得对学生实施体罚、变相体罚或者其他侮辱人格尊严的行为，不得侵犯学生合法权益。"

（4）其他法律

与学生伤害事故有关的还有《未成年人保护法》《预防未成年人犯罪法》《刑法》等法律中的相关条款。

3. 法规和规章

由教育行政部门和地方行政机关和权力机关制定的法规和规章，也是处理学生伤害事故的重要法律依据。

教育部曾在 2002 年专门颁布了《事故处理办法》，比较系统、全面地对学校处理学生伤害事故的有关问题做了具体的规定，但因为其法律效力比较低，目前在民事诉讼中仅有参照适用的效力。但学校应当无条件地按照该办法的有关要求开展相关工作。

此外,《上海市中小学校学生伤害事故处理条例》《北京市中小学生人身伤害事故预防与处理条例》等地方性法律规范在处理当地的学生伤害事故时,都是重要的法律依据。

八、幼儿园事故的法律责任

按照有关法律的规定,对幼儿园伤害事故负有责任的当事人承担责任的法律形式主要有刑事责任、民事责任和行政责任等几种。

1. 刑事责任

在幼儿园伤害事故中,如果当事人的行为触犯刑法,构成犯罪时,应当由有关的部门追究其刑事责任。与民事责任不同的是,如果当事人触犯了刑法,即使受害人没有要求追究其刑事责任,公安、检察等司法部门也应当根据职权主动立案,进行查办。刑事责任的具体形式有死刑、无期徒刑、有期徒刑、拘役和管制等形式。

2. 民事责任

按照有关法律和司法解释,当幼儿园伤害事故给当事人造成经济和精神上的损失时,有关责任人应当对受害学生及其家长因就医治疗支出的各项费用以及因误工减少的收入,包括医疗费、误工费、护理费、交通费、住宿费、住院伙食补助费、必要的营养费予以赔偿。

受害学生因伤致残的,其因增加生活上需要所支出的必要费用以及因丧失劳动能力导致的收入损失,包括残疾赔偿金、残疾辅助器具费、被扶养人生活费,以及因康复护理、继续治疗实际发生的必要的康复费、护理费、后续治疗费,赔偿义务人也应当予以赔偿。

受害学生死亡的,赔偿义务人除应当根据抢救治疗情况赔偿相关费用外,还应当赔偿丧葬费、被扶养人生活费、死亡补偿费以及受害人亲属办理丧葬事宜支出的交通费、住宿费和误工损失等其他合理费用。

受害学生或者近亲属遭受精神损害，赔偿义务人应当根据《最高人民法院关于确定民事侵权精神损害赔偿责任若干问题的解释》支付精神损害赔偿金。

《事故处理办法》还规定，学校对学生伤害事故负有责任的，根据责任大小，适当予以经济赔偿，但不承担解决户口、住房、就业等与救助受伤害学生、赔偿相应经济损失无直接关系的其他事项。因幼儿园教师或者其他工作人员在履行职务中的故意或者重大过失造成的学生伤害事故，幼儿园予以赔偿后，可以向有关责任人员追偿。

3. 行政责任

根据《事故处理办法》的有关规定，发生学生伤害事故，学校负有责任且情节严重的，教育行政部门应当根据有关规定，对学校的直接负责的主管人员和其他直接责任人员，分别给予相应的行政处分。其责任形式主要有撤职、降职、开除、记过、警告等。

九、幼儿园事故的归责原则

幼儿园事故的归责原则，是指在行为人的行为致人损害时，根据何种标准和原则确定行为人的侵权责任。侵权行为的归责原则是侵权行为法的核心，决定着侵权行为的分类、侵权责任的构成要件、举证责任的负担、免责事由等重要内容。它既是认定侵权构成，处理侵权纠纷的基本依据，也是指导侵权损害赔偿的准则。以往幼儿园伤害事故的处理主要依据是最高人民法院的司法解释，而在《侵权责任法》中，用了三个条款规定了学生伤害事故的法律责任。需要教育工作者注意的是，在 2010 年 7 月 1 日施行的《侵权责任法》中，涉及学生伤害事故的有关规定与以往的司法解释有了较大的变化，尤其是无民事行为能力人（不满 10 周岁）在校期间的受到伤害，不再适用一般的过错责任原则，而要适用过错推定责任原则，加重了幼儿园学校的责任和义务，因此幼儿园的领导和教职工必须有针对性地加以了解。

依据《侵权责任法》以及其他法律法规、司法解释的有关规定，无民事行为能力学生（即10周岁以下的学生）在幼儿园发生伤害事故适用特殊的过错责任，即过错推定责任，也叫举证责任倒置，即幼儿园必须要拿出证据证明学生在校期间的伤害是由于本人或第三人的原因造成的，幼儿园在其中没有过错，否则幼儿园就要承担赔偿责任。而无过错责任和公平责任仅在法律规定的特殊情况下才能适用于幼儿园伤害事故。

1. 过错推定责任在幼儿园伤害事故中的适用

（1）过错推定责任的含义

不满10周岁的学生在校期间发生伤害事故，适用过错推定责任。这也是《侵权责任法》中学生伤害事故法律责任部分与以往法律规定变化最大的一个地方。《侵权责任法》第38条规定："无民事行为能力人在幼儿园、学校或者其他教育机构学习、生活期间受到人身损害的，幼儿园、学校或者其他教育机构应当承担责任，但能够证明尽到教育、管理职责的，不承担责任。"

过错推定原则，是指在适用过错责任原则的前提下，在某些特殊的场合，由损害事实本身推定行为人有过错，并据此确定过错行为人赔偿责任的归责原则。过错推定责任原则在本质上仍然是过错责任原则，只不过它是过错责任原则的一种特殊表现形式。过错推定与一般的过错原则最大的区别即在于举证责任的不同。传统的过错责任原则采取"谁主张，谁举证"的原则，受害人要提出损害赔偿的请求，需就行为人具有过错提出证明。在我国，一般侵权行为适用过错责任原则，因此受害人应承担过错的举证责任。而在过错推定责任中，采取了举证责任倒置的方式，行为人若不能提出合理的抗辩事由的存在以证明其没有过错则将被推定有过错。

根据《侵权责任法》的上述规定，无民事行为人在幼儿园、学校或者其他教育机构学习、生活期间受到人身损害的，幼儿园、学校或者其他教育机构应当证明自己已经尽到了教育管理的职责，对该民事行为能力人所发生的人身损害没有过错，否则就要承担责任。

除此之外，《侵权责任法》还规定了一些特殊的情形要适用过错推定责任，其中幼儿园有可能会涉及的主要有：幼儿园饲养的动物伤人，幼儿园建筑物上的搁置物、悬挂物坠落伤人，幼儿园的堆放物倒塌伤人，幼儿园的树木折断伤人，幼儿园挖的坑或下水井等伤人。

在以上这些情况中，幼儿园必须要拿出证据来证明幼儿园已经履行了相关的教育、管理与保护的义务，否则就要承担赔偿责任。

（2）幼儿园过错的类型

《侵权责任法》第38条规定："无民事行为能力人在幼儿园、学校或者其他教育机构学习、生活期间受到人身损害的，幼儿园、学校或者其他教育机构应当承担责任，但能够证明尽到教育、管理职责的，不承担责任。"也就是说，如果幼儿园能够证明自己没有过错，就可以免除赔偿责任。但什么是幼儿园的过错呢？根据《侵权责任法》的规定，我们可以推出，如果幼儿园没有尽到教育、管理职责，就认为幼儿园有过错。

《教育法》《未成年人保护法》以及其他地方性法规和部门规章中，对于学校和幼儿园以及其他教育机构的教育、管理职责已经做了广泛、具体的规定，只要幼儿园违反了这些职责，使得无民事行为能力的孩子在幼儿园学习、生活期间受到人身损害的，幼儿园就要承担赔偿责任。例如，在《事故处理办法》中，具体规定了幼儿园应当根据过错承担相应责任的十二种具体情形：

第一，学校的校舍、场地、其他公共设施，以及学校提供给学生使用的学具、教育教学和生活设施、设备不符合国家规定的标准，或者有明显不安全因素的；

第二，学校的安全保卫、消防、设施设备管理等安全管理制度有明显疏漏，或者管理混乱，存在重大安全隐患，而未及时采取措施的；

第三，学校向学生提供的药品、食品、饮用水等不符合国家或者行业的有关标准、要求的；

第四，学校组织学生参加教育教学活动或者校外活动，未对学生进行相应的安全教育，并未在可预见的范围内采取必要的安全措施的；

第五，学校知道教师或者其他工作人员患有不适宜担任教育教学工作的疾病，但未采取必要措施的；

第六，学校违反有关规定，组织或者安排未成年学生从事不宜未成年人参加的劳动、体育运动或者其他活动的；

第七，学生有特异体质或者特定疾病，不宜参加某种教育教学活动，学校知道或者应当知道，但未予以必要的注意的；

第八，学生在校期间突发疾病或者受到伤害，学校发现，但未根据实际情况及时采取相应措施，导致不良后果加重的；

第九，学校教师或者其他工作人员体罚或者变相体罚学生，或者在履行职责过程中违反工作要求、操作规程、职业道德或者其他有关规定的；

第十，学校教师或者其他工作人员在负有组织、管理未成年学生的职责期间，发现学生行为具有危险性，但未进行必要的管理、告诫或者制止的；

第十一，对未成年学生擅自离校等与学生人身安全直接相关的信息，学校发现或者知道，但未及时告知未成年学生的监护人，导致未成年学生因脱离监护人的保护而发生伤害的；

第十二，学校有未依法履行职责的其他情形的。

幼儿园伤害事故中的过错包括故意和过失。故意是指幼儿园或者教职工明知自己的行为会发生学生伤害的结果，并且希望或者放任这种结果发生。例如，教师体罚学生导致学生受伤。过失又分为疏忽大意的过失和过于自信的过失。疏忽大意的过失是指幼儿园或教职工应当预见自己的行为可能发生导致儿童伤害的结果，但因为疏忽大意而没有预见，以致发生这种结果的。例如，某幼儿园教师在幼儿园的寝室当中点燃蚊香驱蚊，但没有预见到蚊香导致火灾的隐患，结果导致该寝室发生火灾，多名儿童在火灾中伤亡。过于自信的过失是指幼儿园或教职工已经预见自己的行为可能发生学生伤害的结果，但因为过于自信而轻信能够避免，以致发生这种结果的。例如，某幼儿园园长在有教师向其提醒楼道的电灯发生故障应及时修理后，并没有及时安排电工修理，以致当天傍晚幼儿园放学时发生因楼道过于黑暗致儿童跌倒受伤案。

对于幼儿园没有过错的幼儿园伤害事故，应当由对引发幼儿园伤害事故负有过错的当事人承担或学生监护人自行承担。

2. 无过错责任在幼儿园伤害事故中的适用

无过错责任是指没有过错，但法律规定应当承担民事责任的，应当承担民事责任。《侵权责任法》第7条规定："行为人损害他人民事权益，不论行为人有无过错，法律规定应当承担侵权责任的，依照其规定。"幼儿园只有在法律规定的特殊情况下，才会承担无过错责任。此时只要儿童的损害是由于幼儿园的行为所致，不论幼儿园有无过错都要承担民事责任。除非幼儿园在证明自己无过错的同时，能够证明学生伤害是由于受害学生的故意、第三人故意、不可抗力所致，则幼儿园不承担民事责任。无过错责任在幼儿园伤害事故中的适用范围极其有限，根据《侵权责任法》等法律的规定，仅在以下法律规定的情形下才可以适用：

第一，幼儿园进行高危作业所致的学生伤害事故。这主要是指幼儿园的高压、易燃、易爆、剧毒、放射性等高危作业导致的学生伤害。例如，幼儿园教室中的电源开关漏电导致学生发生了触电事故。

第二，因幼儿园原因产生的环境污染所导致的学生伤害事故。例如，幼儿园使用劣质涂料粉刷教室墙壁，致使幼儿园教室中有毒物质含量超标，导致学生中毒事故。

第三，除此之外，产品责任也适用无过错责任，但幼儿园一般不会有产品生产的情况，所以在幼儿园实践中一般可以忽略不计。但是幼儿园在采购食品、教具、设备等物品的过程中，一定要通过正规的商家或厂家，并检验其合格证和有效期，杜绝假冒伪劣产品进入幼儿园。否则，幼儿园也有可能会因此承担一定的责任。

3. 公平责任在学生伤害事故中的适用

公平责任是指当事人对造成损害都没有过错的，可以根据实际情况，由当事人分担民事责任。它适用于没有过错方的意外事故，但在幼儿园伤害事故中是否可以适用公平责任原则，目前无论在理论界还是司法实践中都存在着巨大的意见分歧。例如，学生在室外跳绳时不慎跌倒受伤，如果适用公平责任，幼儿园就要承担部分的赔偿责任，如果不适用公平责任，就要由学生自行承担受伤造成的经济损失。

在《侵权责任法》中，也没有对幼儿园伤害事故是否可以适用公平责任原则做出具体的规定。该法第24条规定："受害人和行为人对损害的发生都没有过错的，可以根据实际情况，由双方分担损失。"所以，在司法实践当中，审案的法官依然有可能根据这条规定要求判决幼儿园分担一定的经济损失。

《侵权责任法》之所以坚持适用公平责任原则，立法原意在于如果有负担能力的无过错一方此时分担适当的损失，就会协助受害人渡过难关，有利于社会的稳定。此时如果有负担能力的幼儿园能为受伤害学生分担部分经济费用，就会减轻学生家庭的压力，有利于社会公平，有利于社会安定。在这种情况下，幼儿园并非对事故的发生负有责任，而是承担了一种分担损失的责任。

在确定公平责任原则在幼儿园伤害事故的适用范围时应注意以下几点：首先，事故的发生应的确直接与幼儿园有关，如在学生上学、放学、返校、离校途中发生的与幼儿园无直接关系事故等情况应排除在外；其次，要求幼儿园和学生双方对事故的发生都不存在过错，如果损害的发生归因于加害人或第三人的过错时应由加害人或第三人承担民事责任；再次，要求事故的确造成了实际的经济损失，而且这种损失应是受害学生家庭在经济上无力承担或者难以承担的；最后，幼儿园依公平责任承担的责任仅限于因学生受伤而引起的财产损失，而不应包括精神损害赔偿。

在幼儿园伤害事故中适用公平责任原则划分具体经济损失分担时应当注意，公平责任原则绝不是指绝对的平均分担，而是根据实际情况来确定。这里的实际情况是指受害人的损害程度、双方的经济状况、承受能力和社会舆论等。例如，损害应当达到相当的程度，如果幼儿园不分担损失则受害人将受到严重的损害，且有悖于民法的公平、正义观念时，才考虑适用公平责任原则。又如，对于一个教育经费严重不足、教师工资也难以保障及时发放的幼儿园，一般就不应根据公平责任原则承担经济分担的责任。

第七章　学前教育法律责任

　　教育法律责任是教育法律关系主体因实施了违反《教育法》的行为，依照有关法律、法规的规定应当承担的否定性的法律后果。《教育法》的法律责任与违法行为紧密相连。存在违反教育法律、法规的行为，是教育法律责任的前提。也就是说，教育法律责任，是针对违反教育法律、法规的行为设立的，也只有在发生了违反《教育法》的行为之后才会出现的一种法律后果。这些违法行为既包括不履行《教育法》规定的义务，也包括侵犯其他主体由《教育法》规定的权利。遵守教育法律、法规的行为就不会产生这种法律后果。

　　在《教育法》第九章中，从第 71 条到第 83 条规定的都是教育法律责任，即特定的主体违反了《教育法》的有关规定所要承担的法律责任。其主要可以分为教育行政法律责任、教育刑事法律责任和教育民事法律责任三种类型。

一、教育行政法律责任

　　教育行政法律责任是指教育行政法律关系主体，即教育行政主体或教育行政相对人因违反行政法律规范所应承担的法律后果或应负的法律责任。教育行政法律责任可以分为教育行政处分和教育行政处罚两种。

（一）教育行政处分

　　教育行政处分是指国家机关对于公务员等工作人员因为教育管理工作方

面的违法或者失职，或者学校等教育机构对于教师等工作人员和学生违反有关规定，按照有关法律法规的授权而给予的一定惩戒。

1. 针对公务员的行政处分

根据我国《公务员法》《行政机关公务员处分条例》的有关规定，针对行政机关公务员的处分一共有六种，警告、记过、记大过、降级、撤职、开除。

在《行政机关公务员处分条例》中，规定了公务员各种违法失职行为应当受到何种行政处分。例如，《行政机关公务员处分条例》第 18 条规定，有下列行为之一的，给予记大过处分；情节较重的，给予降级或者撤职处分；情节严重的，给予开除处分：

（1）散布有损国家声誉的言论，组织或者参加旨在反对国家的集会、游行、示威等活动的；

（2）组织或者参加非法组织，组织或者参加罢工的；

（3）违反国家的民族宗教政策，造成不良后果的；

（4）以暴力、威胁、贿赂、欺骗等手段，破坏选举的；

（5）在对外交往中损害国家荣誉和利益的；

（6）非法出境，或者违反规定滞留境外不归的；

（7）未经批准获取境外永久居留资格，或者取得外国国籍的；

（8）其他违反政治纪律的行为。

按照《行政机关公务员处分条例》的规定，对行政机关公务员给予处分，应当由该公务员任免机关或者监察机关按照管理权限决定。对地方各级人民政府工作部门正职领导人员给予处分，由本级人民政府决定。

2. 针对教师的行政处分

针对教师的行政处分适用人力资源和社会保障部、监察部在 2012 年颁布的《事业单位工作人员处分暂行规定》。另外，对行政机关任命的事业单位工作人员，法律、法规授权的具有公共事务管理职能的事业单位中不参照《公务员法》管理的工作人员，国家行政机关依法委托从事公共事务管理活动的事业单位工作人员给予处分，都要适用《事业单位工作人员处分暂行规定》。但是需要注意的是，对于法律、法规授权的具有公共事务管理职能的事业单位中经批准参照《公务员法》管理的工作人员给予处分，要参照《行政机关公务员处分条例》的有关规定办理。对于国家政府机关的工勤人员处分，也要按照《行政机关公务员处分条例》执行。

另外，教育部在 2018 年颁布的《幼儿园教师违反职业道德行为处理办法》，也对违反职业道德的教师行为及处分做出了规定。

与公务员的行政处分相比较，《事业单位工作人员处分暂行规定》的种类较少，只有警告、记过、降低岗位等级或者撤职和开除四种。但是《中小学教师违反职业道德行为处理办法》规定了警告、记过、降低专业技术职务等级、撤销专业技术职务或者行政职务、开除或者解除聘用合同五种行政处分种类。其中，警告期限为 6 个月，记过期限为 12 个月，降低专业技术职务等级、撤销专业技术职务或者行政职务期限为 24 个月。

按照《幼儿园教师违反职业道德行为处理办法》的规定，教师有下列行为之一的，视情节轻重分别给予相应处分：

（1）在保教活动中及其他场合有损害党中央权威和违背党的路线方针政策的言行。

（2）损害国家利益、社会公共利益，或违背社会公序良俗。

（3）通过保教活动、论坛、讲座、信息网络及其他渠道发表、转发错误观点，或编造散布虚假信息、不良信息。

（4）在工作期间玩忽职守、消极怠工，或空岗、未经批准找人替班，利用职务之便兼职兼薪。

（5）在保教活动中遇突发事件、面临危险时，不顾幼儿安危，擅离职守，自行逃离。

（6）体罚和变相体罚幼儿，歧视、侮辱幼儿，猥亵、虐待、伤害幼儿。

（7）采用学校教育方式提前教授小学内容，组织有碍幼儿身心健康的活动。

（8）在入园招生、绩效考核、岗位聘用、职称评聘、评优评奖等工作中徇私舞弊、弄虚作假。

（9）索要、收受幼儿家长财物或参加由家长付费的宴请、旅游、娱乐休闲等活动，推销幼儿读物、社会保险或利用家长资源谋取私利。

（10）组织幼儿参加以营利为目的的表演、竞赛活动，或泄露幼儿与家长的信息。

（11）其他违反职业道德的行为。

值得注意的是，教师违反职业道德的行为还有可能触及刑法，如教师体罚学生或者对学生实施性侵害等都有可能构成相应的犯罪，此时幼儿园必须要及时将犯罪嫌疑人移送司法机关，按照刑事案件的处理程序进行处理，而决不能以行政法律责任替代刑事法律责任。

为了保障教师等事业单位教育工作人员的合法权益免受不法侵害，《事业单位工作人员处分暂行规定》也从实体和程序两个方面对其加以了保护，也避免教师等受到不应有的处分。

《幼儿园教师违反职业道德行为处理办法》规定学校及学校主管教育部门发现教师可能存在违反职业道德的行为的，幼儿园及幼儿园主管部门发现教师存在第四条列举行为的，应当及时组织调查核实，视情节轻重给予相应处理。做出处理决定前，应当听取教师的陈述和申辩，调查了解幼儿情况，听取其他教师、家长委员会或者家长代表意见，并告知教师有要求举行听证的权利。对于拟给予降低岗位等级以上的处分，教师要求听证的，拟做出处理决定的部门应当组织听证。

按照《幼儿园教师违反职业道德行为处理办法》的规定，教师行政处分的权限按照处分的种类不同而不同。

（1）警告和记过处分，公办幼儿园教师由所在幼儿园提出建议，幼儿园主管部门决定。民办幼儿园教师由所在幼儿园提出建议，幼儿园举办者做出决定，并报主管部门备案。

（2）降低岗位等级或撤职处分，公办幼儿园由教师所在幼儿园提出建议，幼儿园主管部门决定并报同级人事部门备案。民办幼儿园教师由所在幼儿园提出建议，幼儿园举办者做出决定，并报主管部门备案。

（3）开除处分，公办幼儿园在编教师由所在幼儿园提出建议，幼儿园主管部门决定并报同级人事部门备案。未纳入编制管理的教师由所在幼儿园决定并解除其聘任合同，报主管部门备案。民办幼儿园教师由所在幼儿园提出建议，幼儿园举办者做出决定并解除其聘任合同，报主管部门备案。

（4）给予批评教育、诫勉谈话、责令检查、通报批评，以及取消在评奖评优、职务晋升、职称评定、岗位聘用、工资晋级、申报人才计划等方面资格的其他处理，按照管理权限，由教师所在幼儿园或主管部门视其情节轻重做出决定。

（二）教育行政处罚

教育行政处罚是指享有行政处罚权的行政机关或法律、法规授权的组织，对违反教育领域行政法律规范，依法应当处罚的教育行政相对人给予法律制裁的行为。在这里，我们对教育行政处罚采用广义的界定，即实施教育行政处罚的主体没有限定在教育行政机关，这主要是考虑到在教育领域的行政执法中，有相当比例是对于公安、卫生等行政机关实施的。所以如果采用狭义的教育行政处罚界定，即将实施教育行政处罚的主体限定在教育行政机关，是很难将涉及教育的行政处罚全部包含在内的。

教育行政处罚的种类必须尊重处罚法定的原则，即行政主体不能随意自设处罚种类，必须要按照有关法律法规规定的处罚种类实施处罚。在我国《行政处罚法》中，一共规定了七种行政处罚的种类。《教育行政处罚暂行实施办法》规定了十种教育行政处罚的种类，其中有七种是教育行政执法所特有的。

我国《行政处罚法》规定的行政处罚种类有：

1. 警告。指行政机关对有违法行为的公民、法人或者其他组织提出告诫，使其认识所应负责任的一种处罚。警告一般适用于那些违反行政管理法规较轻微、对社会危害程度不大的行为。一般可当场做出。

2. 罚款。指行政机关依法强制违反行政管理法规的行为人（包括法人及其他组织）在一定期限内缴纳一定数量货币的处罚行为。罚款是一种财产罚。罚款是一种适用范围比较广泛的行政罚。为了避免罚款的随意性，《行政处罚法》对罚款进行了一些限定性的规定。对已经制定的法律、行政法规规定的行政处罚的种类中没有罚款的，地方性法规和规章不能增加规定罚款的处罚。为了避免罚款执行人营私舞弊，法律规定做出罚款决定的机关与收缴罚款的机构分离，罚款必须全部上缴国库，任何行政机关或者个人不得以任何形式截留、私分。罚款的设定与执行要运用适当，罚与过相当。

3. 没收违法所得，没收非法财物。指国家行政机关根据行政管理法规，将行为人违法所获得的财物或非法财物强制无偿收归国有的一项行政处罚措施。没收是一种较为严厉的财产罚，其执行领域具有一定程度的限定性，只有对那些为谋取非法收入而违反法律法规的公民、法人及其他组织才可以实行这种财产罚。

4. 责令停产停业。指国家行政机关对违反行政管理法规的工商企业或个体经营户，依法在一定期限内剥夺其从事某项生产或经营活动权利的行政处罚，属于行为罚的一种。由于责令停产停业的处罚将直接影响企业的生产与经营利益，因此对比较严重的行政违法行为才适用。

5. 暂扣或者吊销许可证，暂扣或者吊销执照。许可证与执照指行政主管机关应公民、法人或其他组织的申请依法颁发的准许申请人从事某种活动的书面文件，是公民、法人或者其他组织享有某种权利的凭证。暂扣或者吊销许可证、执照是指国家行政机关，对违反行政管理法规的公民、法人或者其他组织依法实行暂时扣留其许可证或执照，剥夺其从事某项生产或经营活动权利的行政处罚。这是一种比责令停产停业更为严厉的一种行为能力罚。因此，只有法律和行政法规能够设定这一处罚。

6. 行政拘留。指公安机关对于违反《治安管理处罚条例》的公民，在短期内限制其人身自由的一种处罚措施，也是治安管理处罚措施中最严厉的一种。行政拘留是限制公民人身自由的一种人身自由罚，也是行政处罚中最严厉的处罚之一。由于其严厉性，因此《行政处罚法》对于此种处罚的限制规定也是最严格的，只有法律能够规定涉及公民人身自由的行政拘留罚，其他如行政法规、地方性法规、规章等都不能设定此种处罚。

7. 法律、行政法规规定的其他行政处罚。

除以上6条之外，《教育行政处罚暂行实施办法》规定的行政处罚种类还有以下一些：没收违法所得，没收违法颁发、印制的学历证书、学位证书及其他学业证书；撤销违法举办的学校和其他教育机构；取消颁发学历、学位和其他学业证书的资格；撤销教师资格；停考，停止申请认定资格；责令停止招生；吊销办学许可证；法律、法规规定的其他教育行政处罚。

二、教育刑事法律责任

教育刑事法律责任，简称教育刑事责任，是依据国家刑事法律规定，对教育领域的犯罪行为依照刑事法律的规定追究的法律责任。教育刑事责任与教育行政责任不同之处：一是追究的违法行为不同：追究教育行政责任的是一般违法行为，追究教育刑事责任的是犯罪行为。二是追究责任的机关不同：追究教育行政责任由国家特定的行政机关依照有关法律的规定决定，追究教育刑事责任只能由司法机关依照《刑法》的规定决定。三是承担法律责任的后果不同：追究教育刑事责任是最严厉的制裁，可以判处死刑，比追究教育行政责任严厉得多。教育刑事责任包括两类问题：一是确定什么行为属于犯罪，二是对犯罪行为处以什么样的刑罚。

对于幼儿园来说，管理者和教师最容易构成的就是教育设施重大安全事故罪和虐待被看护人罪等。

教育设施重大安全事故罪，是指明知校舍或者教育教学设施有危险，而不采取措施或者不及时报告，致使发生重大伤亡事故，危害公共安全的行为。在教育设施重大安全事故罪中，犯罪主体是特殊主体，即只能是学校或者其他教育机构的直接责任人员。客观方面表现为行为人明知校舍或者其他教育教学设施有危险，却不采取措施或者不及时报告，致使发生重大伤亡事故的行为。所谓重大伤亡事故，主要是指：（1）死亡 1 人以上；（2）重伤 3 人以上。虽有不采取措施或不及时报告行为，但未发生安全事故，或者虽然发生了事故但不属于重大伤亡事故；以及虽为重大伤亡事故，但不是由于不采取措施或不及时报告的行为即不是校舍或者教育教学设施本身的危险所致，则都不能构成本罪。本罪在主观方面表现为过失。可以是疏忽大意的过失，也可以是过于自信的过失。这里所说的过失，是指行为人对其所造成的危害结果的心理状态而言。但是，对行为人不采取措施或者不及时报告的行为来说，有时却是明知故犯的。行为人明知校舍或者教育教学设施有危险，但却未想到会因此立即产生严重后果，或者轻信能够避免，以致发生了严重后果。按照我国《刑法》第 138 条的规定，犯教育设施重大安全事故罪的，处 3 年以下有期徒刑或者拘役；后果特别严重的，处 3 年以上 7 年以下有期徒刑。例如，2014 年 9 月 26 日，昆明市某小学放置于学生宿舍楼过道的海绵垫倒在过道里，学生午休后起床返回教室时，先期下楼的学生在通过海绵垫时发生跌倒，后续下楼的大量学生不清楚情况，继续向前拥挤造成相互叠加挤压，导致严重伤亡。该校直接责任人被人民法院以学校设施重大安全事故罪判处 1 年到 2 年有期徒刑。

虐待被监护、看护人罪是指对未成年人、老年人、患病的人、残疾人等负有监护、看护职责的人，虐待被监护、看护的人，情节恶劣的行为。

《刑法修正案（九）》第19条规定："在刑法第二百六十条后增加一条，作为第二百六十条之一：'对未成年人、老年人、患病的人、残疾人等负有监护、看护职责的人虐待被监护、看护的人，情节恶劣的，处三年以下有期徒刑或者拘役。''单位犯前款罪的，对单位判处罚金，并对其直接负责的主管人员和其他直接责任人员，依照前款的规定处罚。''有第一款行为，同时构成其他犯罪的，依照处罚较重的规定定罪处罚。'"在此之前，对未成年人、老年人、患病的人、残疾人等负有监护、看护职责的人虐待被监护、看护的人的行为，现行《刑法》并没有将其作为犯罪表现形式之一予以规定。即除第260条针对虐待家庭成员的行为规定了虐待罪，第248条对被监管人规定了虐待被监管人罪以外，对虐待家庭成员以外的被监护、看护对象专门治罪，一直存在着刑事立法上的空白，现实中即使发生了类似行为，并且确实需要运用刑事法律调整时，也多以"寻衅滋事"定罪处罚。这样一来，不仅不利于对此类行为的有效打击，更不利于对未成年人、老年人、患病的人、残疾人等特殊群体合法权益的切实保护。根据《刑法修正案（九）》第19条规定，此次所增设的虐待被监护、看护人罪主体，主要是对未成年人、老年人、患病的人、残疾人等负有监护、看护职责的学校（含幼儿园等育婴机构）、养老院、医院、福利院等单位负有监护、看护职责的人员以及直接负责的主管人员和其他直接责任人员，并且在客观上表现为行为人实施了虐待被监护、看护的人，情节恶劣的行为。事实上，包括发生在幼儿园里的虐童行为在内，该罪的客观行为通常表现为殴打或者体罚等，行为性质显然更符合故意伤害犯罪，因此，如果造成被监护、看护的人轻伤以上后果的，应根据《刑法修正案（九）》关于"有第一款行为，同时构成其他犯罪的，依照处罚较重的规定定罪处罚"的规定，以故意伤害罪定罪处罚。例如，2017年11月间，北京市朝阳区某幼儿园国际小二班教师刘某某在所任职的班级内，使用针状物先后扎4名幼童，经刑事科学技术鉴定，上述幼童所受损伤均不构成轻微伤。2018年12月26日上午，北京市朝阳区人民法院以虐待被看护人罪一审判处刘某某有期徒刑一年六个月，同时禁止其自刑罚执行完毕之日或者假释之日起五年内从事未成年人看护教育工作。

根据我国《刑法》的有关规定，教育刑事法律责任包括主刑和附加刑两大类，共九种具体的形式。

主刑，是指对犯罪分子独立使用的刑罚。主刑只能独立适用，不能附加适用；一个罪行只能适用一个主刑，不能同时适用两个或两个以上主刑，也不能在附加刑独立适用时再适用主刑。我国的主刑有管制、拘役、有期徒刑、无期徒刑和死刑五种形式。

1. 管制

管制是指对犯罪分子不实行关押，交由公安机关管束和人民群众监督，限制其一定自由的刑罚方法。管制是我国主刑中最轻的一种刑罚方法，适用于罪行较轻、人身危险性较小，不需要关押的犯罪分子。管制的期限为3个月以上2年以下，数罪并罚时最高不能超过3年。

2. 拘役

拘役是指剥夺犯罪人短期人身自由，就近实行强制劳动改造的刑罚方法。拘役一般只适用于犯罪性质比较轻微的犯罪，其是一种短期自由刑，拘役的刑期最少不少于1个月，最长不超过6个月，数罪并罚时，最高不得超过1年。

3. 有期徒刑

有期徒刑是指剥夺犯罪分子一定期限的人身自由，实行强制劳动改造的刑罚方法。有期徒刑是剥夺自由刑的主体，从较轻犯罪到较重犯罪都可以适用。有期徒刑的期限为6个月以上15年以下，数罪并罚时有期徒刑的最高期限可达20年。

4. 无期徒刑

无期徒刑是指剥夺犯罪分子终身自由，并强制劳动改造的刑罚方法。在我国《刑法》当中，无期徒刑是仅次于死刑的一种严厉的刑罚方法，其主要适用于罪行严重，但又不必判处死刑，需要与社会永久隔离的犯罪分子。被判处无期徒刑的犯罪分子在执行期间，认罪服法，接受教育、改造，确有悔改立功表现的，可以获得减刑，由无期徒刑减为有期徒刑，如果实际执行10年以上，还有可能获得假释。

5. 死刑

死刑是指剥夺犯罪分子生命的刑罚方法。死刑是刑法体系中最严厉的惩罚手段，其只适用于罪行极其严重的犯罪分子。但是犯罪的时候不满18周岁的人和审判的时候怀孕的妇女，不适用死刑。对于应当判处死刑的犯罪分子，如果不是必须立即执行的，可以判处死刑同时宣告缓期2年执行，即死刑缓期执行。在死刑缓期执行期间如果没有故意犯罪，2年期满后，减为无期徒刑。在死刑缓期执行期间如果确有重大立功表现，2年期满后，减为15年以上20年以下有期徒刑。在死刑缓刑执行期间，如果故意犯罪，查证属实的，执行死刑。

附加刑，是补充主刑使用的刑罚方法，附加刑既可以附加于主刑适用，也可以独立适用。在附加适用时，可以同时使用两个以上附加刑。在独立适用时，主要是针对较轻的犯罪。我国的附加刑主要有罚金、剥夺政治权利、没收财产和驱逐出境四种。

罚金是人民法院判处犯罪人向国家缴纳一定数额金钱的刑罚方法。在我国《刑法》当中，罚金主要适用于经济犯罪、财产犯罪和妨害社会管理秩序犯罪。

剥夺政治权利是指剥夺犯罪人参加国家管理和政治活动权利的刑罚方法。根据我国《刑法》第54条的规定，剥夺政治权利是剥夺犯罪分子下列4项权利：（1）选举权和被选举权；（2）言论、出版、集会、结社、游行、示威自由的权利；（3）担任国家机关职务的权利；（4）担任国有公司、企业、事业单位和人民团体领导职务的权利。剥夺政治权利既可以附加适用，也可以单独适用。在附加适用时，剥夺政治权利主要适用于危害国家安全的犯罪分子、故意杀人等严重破坏社会秩序的犯罪分子以及被判处死刑和无期徒刑的犯罪分子。剥夺政治权利在单独适用时，主要适用于罪行较轻、不需要判处主刑的犯罪。

没收财产是将犯罪分子个人所有财产的一部分或者全部强制无偿地收归国有的刑罚方法。相对于罚金，没收财产属于较重的财产刑，它剥夺的既可以是全部财产，也可以是一部分财产；既可以是金钱，也可以是其他财产。没收财产主要适用于危害国家安全罪、严重的经济犯罪、严重的财产犯罪等犯罪。没收的财产应是犯罪分子个人所有的财产，不得没收属于犯罪分子家属所有的或者应有的财产，同时应当对犯罪分子个人及其抚养的家属保留必需的生活费用。

驱逐出境，是强迫犯罪的外国人离开中国国（边）境的刑罚方法。驱逐出境作为一种刑罚，只适用于犯罪的外国人，而不适用于犯罪的本国人，不具有普遍适用的性质。对于罪行较轻、不宜判处有期徒刑，而又需要驱逐出境的，可以单独判处驱逐出境；对于罪行严重，应判处有期徒刑的，必要时也可以附加判处驱逐出境。

三、教育民事法律责任

教育民事法律责任，简称教育民事责任，是指教育法律关系主体在民事活动中，因实施了民事违法行为，根据民事法律所承担的对其不利的民事法律后果或者基于法律特别规定而应承担的民事法律责任。教育民事责任属于法律责任的一种，是保障民事权利和民事义务实现的重要措施，是教育法律关系主体因违反民事义务所应承担的民事法律后果，它主要是一种民事救济手段，旨在使受害人被侵犯的权益得以恢复。

教育民事法律责任可以分为以下几种类型：

首先是教育合同违约责任。教育合同违约责任也称为违反教育合同的民事责任，是指教育合同当事人违反合同义务所承担的民事责任。

其次是教育侵权责任。教育侵权责任，全称应当为教育侵权的民事责任，是指教育法律主体不法侵害他人的人身权、财产权或者第三人不法侵害教育法律主体的人身权、财产权时依法所应当承担的民事责任。

最后是不履行法定义务的教育民事责任。不履行法定义务的教育民事责任是指教育法律关系主体不履行法律规定的义务而承担的民事责任，包括不返还不当得利而应承担的责任、不履行无因管理中的相关义务所应承担的责任以及缔约上的过失责任等。

按照我国《民法通则》第 134 条规定，承担民事责任的方式主要有：

1. 停止侵害

停止侵害是指责令行为人立即停止或请求人民法院制止正在实施的侵害行为，以避免侵害后果的发展或扩大。这种方式主要适用于教育侵权行为。

2. 排除妨碍

权利人在其行使权利受到他人不法阻碍或妨害时，可要求侵害人排除或请求人民法院强制排除妨碍，以保证权利正常行使。

3. 消除危险

当行为人的行为对他人人身或财产具有危险时，他人可请求消除已经存在或正在发生的危险。如果当事人拒绝自动消除危险，利害关系人有权请求人民法院责令行为人消除。

4. 返还财产

就是将非法占有的财产归还给财产的所有人或合法占有人，以恢复到权利人合法占有的状态。

5. 恢复原状

当财产被损坏或性状被改变但有复原的可能时，受害人可请求恢复到原有状态。

6. 修理、重作、更换

即在教育合同关系中，债务人如果没有按约定的质量、规格、型号交付标的物，则应依约定或债权人的请求对标的物进行缺陷修补、重新制作或予以更换。其费用由过错方承担。

7. 赔偿损失

在违法行为给他人造成财产或精神上的损失时，行为人应以相应数额的财产给予受害人补偿。这种责任类型既可以适用于教育侵权责任，也可以适用于教育违约责任。

8. 支付违约金

在当事人违反合同时，依照法律的规定或者合同的约定，由违约一方向另一方给付一定数额的金钱。支付违约金不以实际经济损失为要件，即只要违约，就要支付违约金。

9. 消除影响、恢复名誉

自然人或法人的人格权受到不法侵害时，可要求侵害人或诉请人民法院强制侵害人在影响所及的范围内以一定的方式消除受害人人格权所遭受的不良影响，以恢复其受损的名誉。

10. 赔礼道歉

当自然人或者法人的人格权受到不法侵害时，对于情节轻微的，受害人可以要求侵害人或请求人民法院强制侵害人当面承认错误和表示歉意。此项措施也是一种非财产责任形式。